L'EXERCISE DU MICROSCOPE,

CONTENANT

Un Abregé de tout ce qui a été ecrit par les meilleurs Autheurs touchant les Objets les plus curieux:

AVEC

Les Precautions qu'on doit prendre pour faire les Obſervations avec Succes.

Auquel eſt ajouté

La Deſcription d'un MICROSCOPE, qu'on peut appeller *univerſel*, d'autant qu'on y trouve les Proprietez de toutes les differentes Sortes qui ayent encore parues.

Conſtruit ſur un nouveau Plan,

PAR

FRANÇOIS WATKINS.

A LONDRES:
Imprimé pour FRANÇOIS WATKINS, Opticien, à *Charing Croſs.* 1754.

Au LECTEUR.

QUOIQU'IL *ſoit difficile de concevoir des Bornes a l'Egard des Objets du Microſcope, la Nature étant ſi fertile en Productions de cette Sorte, qu'on y decouvre continuellement de nouvelles Curioſitez. Cependant on doit ſe menager un peu dans cette Affaire. Les Obſervations les plus faciles a faire meritent qu'on s'y applique avec quelque Attention, pour en examiner toutes les Circonſtances; & en même tems pour ſe rendre plus adroit, & par la plus capable de menager les Objets plus difficiles. C'eſt pourquoi le Deſſein de ce petit Traité n'a pas été d'offrir rien de nouveau, mais ſeulement de recueillir le Principal de ce qui a été ecrit ſur ce Sujet. Les Deſcriptions des Objets étant pour la plupart*

tirées

tirées des Ecrits de Mr. Baker, *le plus celebre Autheur, lesquelles j'ai taché de reduire dans l'Ordre le plus convenable pour ceux qui ne sont que peu accoutumé a l'Usage du Microscope. Et d'autant que j'ai l'Honneur de servir plusieurs Etrangers de mes Microscopes aussi bien que d'autres Instruments, j'ai cru ne pouvoir mieux faire que d'en donner l'Explication dans la Langue la plus universellement entendüe: ayant été d'autant plus incité à le faire par la Consideration qu'on ne trouve encore rien de fort considerable dans la Langue Francoise sur ce Sujet. Le But de ces Descriptions ne pouvant pas être de donner une Idée complete de ces Sortes d'Objets, mais seulement de fournir quelque Assistance à ceux qui souhaiteront de faire les mêmes Observations; il est à esperer que l'Histoire Abregée de ce qu'il y a de plus remarquable suffira pour exciter le Desir de poursuivre ces Recherches.*

L'INTRO-

L'INTRODUCTION.

RIen n'eſt plus digne d'occuper l'Attention de l'Homme ſage, ni plus capable de lui fournir les Plaiſirs les plus reels & le Contentement le plus ſolide, que des Recherches bien menagées dans les Secrets de la Nature ; pour decouvrir la Structure & le Deſſein des principaux Reſſorts qui produiſent de ſi merveilleux Effets dont la varieté eſt certainement une Source intariſſable de ſujets d'Admiration. C'eſt ce qui a été reconnu par les plus ſavans dans tous les Siecles qui ont pourſuivi ce Deſſein ſelon leurs capacitez & ſelon les moyens dont ils ſe trouvoient fournis. Mais comme il eſt impoſſible d'elever une Structure magnifique ſans avoir poſé des Fondements ſolides a proportion de l'Edifice qu'on veut conſtruire, ni ſans être pourveu des Outils & des materiaux neceſſaires ; de même auſſi ne parvient on pas au ſommet des Sciences avant d'avoir l'Intelligence des veritables Principes & d'être fourni des Inſtruments neceſſaries pour acertenir les groſſeurs & les proportions des Objets auſſi bien que pour ſervir d'aides a nos facultez qui ſont d'elles mêmes trop bornées pour faire des decouvertes conſiderables.

Voila juſtement le Point ou l'on eſt parvenu a preſent : les Decouvertes qui ont eté faites depuis un Siecle ou deux nous fourniſſent de Principes ſuffiſament eprouvez pour pouvoir nous affermir dans les Progres qui reſtent encore, auſſi bien que d'Inſtruments pour nous aſſiſter dans nos Recherches, & aider a nous d'ebarraſſer dans les plus grandes Difficultez. Entre leſquels les Inſtruments optiques tiennent ſans doute le premier Rang ; aux moien deſquels on peut facilement

facilement appercevoir un grand nombre d'Objets, dont les Anciens qui n'avoient aucunes de ces Aſſiſtances ne pouvoient avoir la moindre Idée : au lieu qu'etant fournis des Verres optiques nous developons les plus ſecrets Replis de la Nature qui offrent a la Veüe des Merveilles ſurprenantes & auparavant entierement inconnues.

Qui eſt ce en effet qui ſe feroit imaginé que l'on trouveroit dans une ſeule Goute d'eau des millions de Creatures vivantes, & que diverſes Infuſions, contiendroient des Eſpeces d'Animalcules ſans nombre ; qui auroit ſuppoſé que les Microſcopes nous rendroient la Veüe aſſez penetrante pour pouvoir examiner ce qui ſe paſſe dans l'interieur de pluſieurs Animalcules juſqu'a voir diſtinctement les Globules du ſang par les Extremitez des Arteres dont la fineſſe ſurpaſſe celle d'un Cheveux le plus fin ; ou que le mouvement du Coeur du Poumon & des Inteſtines deviendroient des Objets de la Veüe dans des Creatures vivantes ſans Diſſection.

La Creation devient par ce moyen beaucoup plus etendüe d'un ſens & d'autre. Car comme les Lunettes d'approche nous alongent, pour ainſi dire la Veüe juſqu'à atteindre les Objets les plus eloignez, ainſſi les Microſcopes nous permettent de nous approcher tellement des petits Objets, que de rendre viſibles les minucies les plus inconcevables, de ſorte que la Nature nous permet a preſent de decouvrir ſes ſecrets d'une Extremité a l'autre, & ouvre un Champ preſque ſans Bornes, ou le Philoſophe recontre a chaque pas des Merveilles capable de fixer ſon Attention, & ou il fait comme en ſe promenant les Decouvertes les plus importantes.

Et comme d'un Coté, l'extreme grandeur de certains Objets & les Eſpaces immenſes ou on les voit ſituez ne peuvent manquer de ſaiſir d'etonnement & de terreur ceux qui y font quelque Reflection : auſſi de l'autre Coté l'extreme petiteſſe a laquelle la Nature deſcend dans une grande Partie de ſes Productions ne

laiſſe

laiſſe pas d'offrir des Sujets les plus agreables d'Inſtruction &d'Admiration.

Cet Idée ſera beaucoup rehausée par la Comparaiſon; car quelque peut d'Attention que l'on faſſe a la petiteſſe d'une de ces Inſectes qu'on peu a peine appercevoir a l'Oeil comparée avec la Grandeur d'un de ces Animaux dont la ſeule Veüe nous epouvante; Quelle Diſproportion n'y obſervera-t-on pas! Quels Efforts d'Imagination ne faudrat-il pas pour concevoir toutes les differentes parties neceſſaires a la Vie, a la Circulation du ſang & des autres Fluides dans une ſi petite Inſecte. Il paroit cependant qu'une de ces petites Animalcules ſont fourni d'autant ou plus de membres que les plus grands Animaux: leſquels ſont compoſez, d'Os, de Muſcles, de Tendons, de Veines & d'Arteres. Leurs Corps quoique tres petits ne laiſſent pas de contenir l' Eſtomach pour recevoir & digerer la Nourriture, les Inteſtines pour faire les Fonctions ordinaires auſſi bien qu'un Coeur pour regler la Circulation

culation du ſang. Pour dire tout en un mot : ce petit Monde contient des Objets ſans Nombre, dont on ne peut avoir la moindre Idée que par l'Aſſiſtance du Microſcope, du quel la Deſcription s'enſuit, & dont les Pages ſuivans indiqueront les principaux Uſages auquel il peut étre appliqué avec la maniere de s'en ſervir, & donneront en même tems une courte mais ſuffiſante Hiſtoire des principales Choſes qui ont deja eté obſervées par ce noble & utile Inſtrument.

DESCRIP-

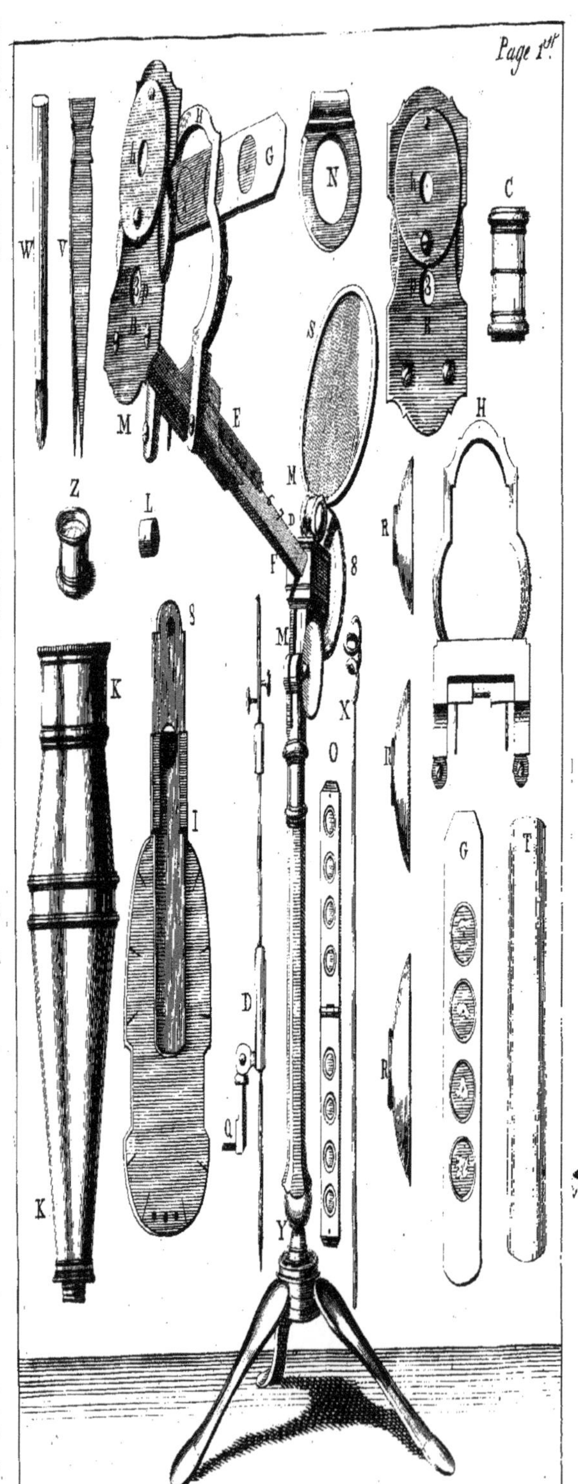
Page 1er.
W
V
M
G
N
C
S
E
H
Z
L
D
F
R
K
I
O
X
Q
Y
T

DESCRIPTION

DU

MICROSCOPE.

LA Repreſentation du Microſcope eſt indiquée par les Lettres M. M. M. Y. etant le Piedeſtal qui le ſoutient dans la Situation propre pour en faire Uſage. La Plaque B, qui eſt affermi avec deux Viſſes ſur le haut Bout de la Barre, ſert a tenir une autre Plaque ronde, qui tourne ſur un Centre, contenant dans ſa Circomference 7 Verres a groſſir, qui ſont denombrez ſelon leurs Foyers, ſavoir 1, 2, &c. juſqu'a 7, commencant par le plus court, tellement qu'en tournant cette

Plaque, on fait paroitre un de ces nombres, lequel on veut par le petit Trou p, ſoit par example 3, & alors le Verre qui repond a ce Nombre ſe trouvera dans la Partie opposée exactement ſous le Trou h ; etant placé commodement pour l'Obſervation : dont il ne reſtera plus que d'y approcher l'Objet.

La plus part des Objets ſont contenus dans des petites Lames d'yvoires dont G, en indique la Repreſentation ; ces Lames ſont percées pour tenir des petites Talques rondes (dont la Boete d'yvoire C eſt remplie) qui renferment les Objets entre deux : dont apres avoir placé les Talques avec l'Objet on les y arrete avec un petit Cercle de fil d'archal.

La Piece marquée H eſt formée a deſſein de ſoutenir commodement les dites Lames d'yvoire au deſſous du Microſcope qui eſt fournis de Reſſorts entre leſquels les Lames doivent ſe gliſſer. Les Reſſorts courbez de cette Machine ſont pour embraſſer des petits Tuyaux de Verre, qui ſervent a tenir

tenir certains petits Poiſſons, Grenouilles, &c. afin d'obſerver la Circulation du ſang dans la Queüe ou Nageoires des Poiſſons, ou dans les Membranes tranſparentes des Pieds des Grenouilles. Si c'eſt un Poiſſon que vous aiez pour Objet, il faut le fourer dans le Tuyau, & en etendre la Queüe ou la Nageoire contre le Verre ; la même choſe doit etre faite a l'egard de la Grenouille, en etendant avec une Plume la Membrane des Pates de derriere contre le Coté du Tuyau de Verre. Les Tuyaux doivent etre choiſis a Proportion de la groſſeur de l'Animal, afin de lui donner auſſi peu de lieu qu'il ſera poſſible pour ſe debattre ; & apres avoir ajuſté le Microſcope au Foyer, on pourra facilement voir couler le ſang par ſes Vaiſſeaux avec un mouvement rapide, & dune maniere tres ſurprenante. On ſe ſert ordinairement des Verres du 3[ieme], & du 4[ieme] degré pour ces ſortes d'Objets. I. une Platine de Cuivre pour attacher certains Poiſſons qui n'entrent pas ſi facilement dans les Tuyaux, on fait etendre la Queüe ſur le Trou, le Poiſſon etant attaché par les Cordons de ſoye 8, le plus gros Bout de cette Machine doit être ſoutenu par quelque Livres placez ſur la Table pendant que l'autre Bout ſera ajuſté ſous le Verre. Cette Piece H. qui a eté deja decrite & qui ſert a ſoutenir tous les Objets, ſe dettache du Microſcope fort facilement par un leger Abaiſement du Levier E, apres quoi on ne trouvera guere de Difficulté a la remettre.

Les Nombres gravez a chaque Coté de la Barre reglent l'ajuſtement du Foyer ſelon le Nombre du Verre dont on ſe ſert; un Coté etant marqué S, pour ſignifier que ces Nombres correſpondent au Microſcope ſingle, comme le D, de l'autre Coté, denote le Microſcope double. Dont pour l'ajuſter, il faut couler la Piece qui porte l'Objet juſqu'a ce que le Bord touche la Figure qui exprime le Verre qui eſt mis en uſage, & l'Objet ſe trouvera alors a peu pres au Foyer, apres quoi il ne reſtera qu'a tourner le

Bouton

Bouton 8 d'un ſens ou d'autre, juſqu'a ce qu'il ſoit parfaitement ajuſté.

Le Miroir S ſert a reflechir la Lumiere du Soliel du jour ou d'une Bougie ; lequel il faut tourner juſqu'a ce que la Direction de la Reflection ſe trouve ſur l'Objet pour l'illuminer, ce qu'un peut de pratique rendre facile a faire. Un Coté de ce Miroir eſt concave, pour raſſembler les Rayons ſur l'Objet afin de l'eclairer d'autant plus fortement, mais lorſque les Objets ſont fort tranſparent, ils paroitront plus agreablement avec moins de Lumiere. Dans ces Occaſions on doit tourner l'autre Coté du Miroir qui etant plat ou uni reflechit la Lumiere avec moins de force.

On trouvera une Douzaine des Lames d'yvoire ſuſdites (outre une de Cuivre pour les Liqueurs) dans un petit Etui au milieu de la Caiſſe : ſix de ces Lames ſont fournies d'Objets, les ſix autres ſont de reſerve pour mettre d'autres Objets ſelon qu'on le trouvera a propos. D eſt un Tuyau de de Cuivre pour tenir une Vergette d'acier pointue a un Bout, & fournie d'un paire de Pincettes a l'autre Bout, qui ſervent a ſaiſir une petite Mouche, ou quelqu'autre Inſecte, & le tenir ſous le Verre. Dans ce cas on ote, la Piece H. qui tient les Lames d'yvoire, & alors la Pointe Q. pourra s'áppliquer a un des Trous qui la tenoient, ſoit par example une Mouche ou quelqu' autre Objet opaque qu'on deſire d'examiner, il faudra prendre un des Miroirs concaves d'Argent R. auquel la Piece N. doit être viſſée, etant formée expres pour ſoutenir le Miroir au deſſous du Verre, par le moyen d'une Entaillure qui eſt proche de la Roüe ou les Verres ſout arrangez. Etant dans cette Situation, il recoit les Rayons qui ſont reflechis par le Miroir S. leſquels par une ſeconde Reflection ſont receuillis au Foyer du petit Miroir d'Argent exactement ſur l'Objet. Et par lá on obtient l'Illumination des Objets opaques, qui etoit autre fois une tres grande Difficulté. On employe le

plus

plus grands des trois Mirois d'Argent qui eſt auſſi le plus plat lorſqu'on ſe ſert des Verre du 6ieme ou du 7ieme nombre. Le ſecond Miroir accompagne le numero 4, ou 5, & le moindre s'ajuſte au No. 2, ou 3. Cette maniere de voir les Objets opaques a eté trouvé fort agreable a pluſieurs Perſonnes a qui j'ay eu l'Honneur de vendre de ces Microſcopcs. L. Petit Cylindre d'yvoire, blanc a un Bout,& noir a l'autre, pour y poſer les Objets des Couleurs contraires afin de les rendre plus viſibles. T. Des Tuyaux de Verres, de differentes groſſeurs pour s'accomoder a la grandeur des Poiſſons qu'on y met ſelon leur uſage qui a eté deja expliqué. V. Paire de Pincettes pour manier & diſpoſer les Objets pour l'Obſervation. W. Petit Pinceau pour nettoyer les Verres ou pour prendre une Goute de Liqueur. X. Vergette ſpirallement formée a un Bout pour tenir un morceau de Cotton & en frotter le dedans des Tuyaux.

O. Deux Lames de Cuivre qui se ferment l'une sur l'autre etant fournies de Verres pour renfermer certaines petites Insectes vivantes sans les ecraser, telles que sont les Puces, Poux, Punaises, &c. Cette double Lame est soutenue sous le Microscope de la même maniere que sont les Lames d'yvoire. Z. Petit Vaisseau de Verre pour reserver un peu d'eau, d'autant que plusieures Insectes meurent aussi tôt que l'eau leur manque. Verre convex d'un Pouce de Foyer qui sert a assister la Veüe lorsqu'on veut menager des petits Objets, soit pour les placer entre les Talques dans les Lames d'yvoire, ou pour les manier a quelqu' autre Dessein que ce soit.

Jusqu'ici j'ai expliqué l'Usage du Microscope single : je dois maintenant poursuivre pour montrer la maniere de le changer en double ou composé, & d'une Composition nullement inferieure a aucune qui ait encore parüe.

Le Microscope etant ajusté selon les Directions precedentes, Vissez le Canon

Canon K K ſur la Plaque B, & le voila auſſi-tôt changé en Microſcope double, & il ne reſtera plus qu'a deſcendre un peu l'Objet, ſelon que les Nombres au coté de la Barre marquée D, l'Enſeignent comme lé Deſſein de ces Nombres a dejà eté expliqué. La raiſon de cette Deſcente de l'Objet eſt a cauſe que les deux Verres qui font la Compoſition alongent le Foyer du petit Verre.

J'eſpere qu'on me permettra de faire ici une Remarque ſur un Avantage qui eſt particulier a ce Microſcope par deſſus tous ceux qui ont paru juſqu'ici etant double, ou ſingle a Plaiſir ; il eſt vray que chacune de ces Sortes a ſes Proprietez & ſes Avantages. On eſtime le Compoſé a cauſe du grand Champ qu'il ouvre, & a cauſe de la facilite' qu'on trouve a y adreſſer la Veüe mais le Microſcope ſingle eſt plus diſtinct ; il a auſſi l'avantage de montrer les Objets dans leurs Situation naturelle, au lieu que la Compoſition de deux autres Verres renverſe les Objets, & en repreſente toutes les parties dans

une

une Situation opposée a leur veritable Forme : Mais comme le Microscope dont il s'agit peut être fait single ou composé avec beaucoup de facilitité, chacun pourra s'en servir de la maniere qui lui paroitra la plus commode & la plus agreable.

Du Microscope solaire.

CE Microscope est illuminé par les Rayons du Soleil reflechis dans une Chambre obscure. Sa Composition consiste d'un Tuyau de Cuivre, d'un Miroir, & d'une Loup, joints au Microscope duquel j'ai dejà expliqué la Construction, lequel s'ajuste au Bout du Tuyau. Cet appareil se fait voir dans la Taille ici jointe. A. A. Piece de bois quarée fournie de Visses pour l'attacher au contre-vent d'une Fenêtre, qui doit être percé en rond de 4 pouces de Diametre afin d'admettre la Partie mobile de cet Instrument & lui permettre un Mouvement libre. Le gros Tuyau B. etant vissé a cette Piece mobile en est Soutenu dans une

Situation

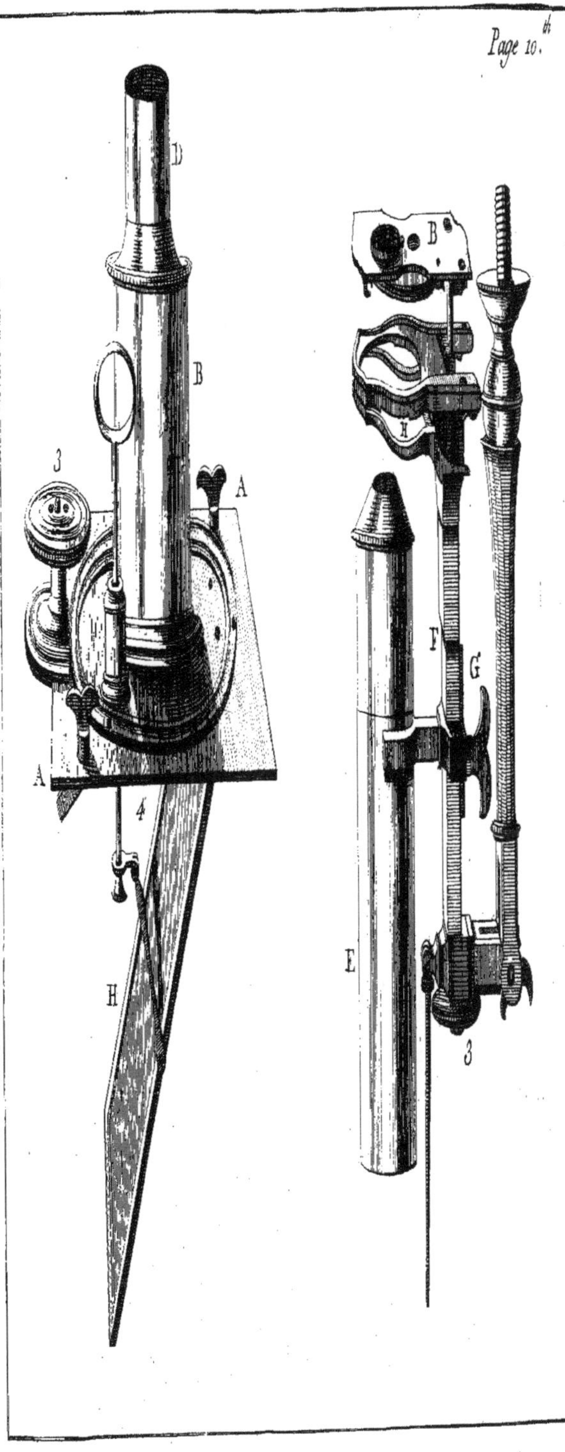
D
B
3
A
A
4
H
B
F
G
E
3

Situation horizentale, en même tems qu'il participe a ſon Movement. Ce Tuyau contient un autre D. au moindre Bout duquel on fixe le Tuyau E. auquel le Microſcope eſt attaché de la Lemaniere que la Figure le repreſente. moyen de l'attacher paroitra facilement, ſi on a egard au Boutton G. qui ſerre une Plaque de Cuivre ſur la Barre F. pour la tenir ferme dans la Concavité qui eſt d'une Forme expres pour la recevoir. 4. Loupe d'environ 11 pouces de Foyer qui aſſemble les Rayons du Soleil ſur l'Objet dont il en eſt ſi fortement illuminé qu'on en peut former une Image d'une grandeur extraordinaire ſans manquer de Clarté. Il arrive quelque fois que la Chaleur du Soleil ſe trouve trop forte au Foyer de ce Verre, tellement qu'il y a Danger de bruler l'Objet; ſur tout ſi c'eſt une Inſecte vivante : en ce cas il faudra tirer le Tuyau D. afin deloigner l'Objet a quelque Diſtance de l'Aſſemblage des Rayons. H. Miroir ſervant a reflechir, les Rayons du Soleil, & leur donner

donner la direction neceſſaire pour paſſer par les Tuyaux : ce Miroir ſe tourne en tous ſens au moyen de la Piece circulaire a laquelle il eſt attaché, qui recoit ſon Mouvement du Bouton, 3. Une Vergette de Cuivre qui ſe communique au Miroir ſert a changer l'Angle ſelon que la Situation du Soleil ſe change il eſt fourni d'un Anneau a un Bout pour la commodité de le tirer. L'Appareil du Microſcope ſolaire etant attaché au contre-vent de la Fenêtre de la maniere qui a eté dejà expliquée, il faudra tourner le Miroir devers le Soleil en ajuſtant l'Angle de ſon Elevation juſqu'a ce que vous voyez laReflection du Soleil ſe former en Cercle lumineux ſur le Carton, ſe ſera une Preuve que le Miroir eſt bien ſitué. Apres quoi il faudra appliquer le Tuyau E, qui tient le Microſcope, ſur le Bout D. de l'Appareil qui ſera dejà attaché a la Fenetre. Il ne reſtera alors qu'a ajuſter le Foyer du Verre pour faire paroitre l'Image diſtincte ſur le Carton. L'Ajuſtement du Foyer dans cette circonſtance ſe fait de la maniere qui a eté enſeigné dans l'Uſage du Microſcope ſingle. Pour en donner un autre Example, ſuppoſons que le Verre qui eſt employé ſoit le No. 4, apres avoir l'Objet ſous le Verre, il faut couler la Piece qui le tient juſqu'a ce que le Bord touche au No. 4, qui ſe trouve au Coté droit de la Barre, & qui ſert ajuſter le Foyer du Microſcope ſingle, dont il ne reſtera qu'a tourner le Bouton 3, tant ſoit peu de part & d'autre, pour rendre l'Image nette & diſtincte ſur le Carton. Le Microſcope ſolaire fait voir admirablement bien la Circulation du Sang dans les Poiſſons, Grenouilles, &c. leſquels doivent être enfermez dans des petits Tuyaux de Verre choiſis ſelon la groſſeur des Poiſſons, afin qu'ils n'ayent point trop de lieu pour ſe remuer. Tous les autres Objets ſe voyent auſſi fort avantageuſement avec ce Microſcope, ſoit dans les petites Lames d'yvoire ou autrement, mais le tout depend de la Force du Soleil & de l'Obſcurité de la Chambre.

Chambre. Le Carton qui recoit l'Image dans la Chambre obſcure eſt ordinairement formé d'une Feuille de Papier de la Sorte la plus large, etendüe ſur un Quadre de Bois, & lors qu'on en veut faire de plus grands, on etend pluſieures Feuilles ſur un Drap, le tout etant enſuite etendu ſur un Quadre de Bois.

L'Excellence du Microſcope ſolaire paroit a pluſieurs egards: car d'abord il groſſit les Objets plus qu'aucune autre maniere ne peut faire, & en offre les Images les plus agreables. Dont il y a tout lieu de croire qu'il pourra ſervir a faire des Decouvertes plus conſiderables qu'on ne peut eſperer des autres manieres d'obſerver. Outre qu'il eſt accompagné de pluſieures autres Circonſtances tres commodes & tout a fait agreables, & qui en même tems facilitent les Obſervations. Les perſonnes qui ont le Veüe tendre peuvent remarquer toutes les parties de l'Image ſans ſe fatiguer aucunement la Veue. Pluſieures perſonnes peuvent voir le meme Objet

a la

a la fois, & en difcourir en indicant les differentes Particuliaritez : leur Difcours etant plus faciles & plus intelligibles, que lorfque fe fervant des autres Microfcopes, on eft obligé d'y regarder l'un apres l'autre, fouvent fans avoir les mêmes Degrez deClarté ni la même Situation des Parties. De plus l'Image etant' exposée fur le Carton, il fera tres facile, meme pour les moins habile d'en crayonner la Forme, lorfqu'ils fouhaiteront d'en preferver une Reprefentation : pour ce faire il n'y aura qu'a attacher une Feuille de Papier contre le Carton,& y definer les Principaux Traits de l'Image qui y eft depient. Il fera cependant plus commode pour ceux qui voudront s'y pratiquer de recevoir l'Image fur une fimple Feuille de Papier d'autant que pouvant voir l'Image au travers du Papier a caufe de fa Tranfparance, ils pourront fe mettre derriere le Papier, & ainfi eviter une grande incommodité qui refulteroit de l'Ombrage de la main s'ils fe placeoient au devant.

De

De la Puiſſance des Verres a groſſir.

LA Grandeur apparente d'un Objet quelconque conſiſte dans la la Grandeur de l'Image qui le repreſente ſur la Retine de l'Oeil. Cette Image ſera plus grand ou plus petit, ſelon l'Angle que l'Objet contient a la Diſtance de l'Oeil, duquel la grandeur ſera en proportion reciproque de la dite Diſtance, de ſorte que tant plus l'Objet eſt approché de l'Oeil, tant plus il paroit grand. Mais comme on ne peut voir diſtinctement qu'a une certaine Diſtance, ſuppoſez de 8 Pouces, il ſera neceſſaire, lorſqu'on voudra approcher les Objets fort proche de l'Oeil, de ſe ſervir des Verres convexes, afin de les rendre diſtincts a une moindre Diſtance; dautant que c'eſt une des Proprieté de ces Verres de faire paroitre diſtincts tous les Objets qui ſe trouvent a la

Diſtance

Diſtance de leurs Foyers, quelque courte que ſoit cette Diſtance : & c'eſt en quoi conſiſte leurs Puiſſances a groſſir, tellement que l'Image de l'Objet ſera plus grand ſur la Retine de l'Oeil a proportion que la Diſtance du Foyer ſera plus courte. D'ou il paroit que la Compariſon de cette Diſtance avec la Diſtance de 8 Pouces a laquelle on voit ordinairement doit exprimer la Puiſſance du Verre. Cette Regle ſuffira pour les Microſcopes ſingles.

Soit par Exemple, un Verre d'un pouce de Foyer, cette Diſtance etant 8 fois contenue dans la Diſtance ordinaire de la Veüe on pourra dire que ce Verre groſſit 8 fois. Suppoſez un autre de la dizieme partie d'un pouce, cette Longueur ſera 80 fois contenu dans la Diſtance ſuſdite dont le Nombre 80 exprimera la Puiſſance de ce Verre a groſſir les Objets.

Cette Regle ſert a l,Egard des Diametres des Objets, mais ſi on deſire de ſavoir l'Augmentation de la Superficie, cela ſe fera voir par le Quarré du Nombre qui ſert au Diametre : comme

comme au dernier Example, le Quarré 80 fait 6400, la Superficie ſera augmentée 6400 fois; & d'autant que l'Objet eſt groſſi en tout ſens, la Solidité ſera augmentée ſelon le Cube du Diametre ſavoir 512000 fois.

Pour trouver la Diſtance du Foyer, il faut approcher l'Objet contre le Verre juſqu'a ce qu'il paroiſſe diſtinct & avec un paire de Compas meſurer avec exactitude la Diſtance du Verre a l'Objet, ce qui etant appliqué a une bonne Echelle marquera la Diſtance du Foyer en pouces & partie de pouces de laquelle on ſe ſervira pour trouver la Puiſſance a groſſir, ſelon les Regles precedentes. La Table ici jointe expoſe tous les Degrez d'Augmentation du Microſcope.

Lorſqu'on fait Uſage de ces Verres avec le Microſcope ſolaire ils groſſiront les Objets ſelon la Diſtance du Carton ou les Images de ces Objets ſont depeints par les Refractions des Rayons du Soleil en paſſant par le Verre lenticulaire car autant que cette Diſtance excede la Diſtance du Foyer

autant

autant & en même Proportion l'Image surpassera l'Objet en grandeur tellement même que si la Distance du Foyer n'est qu'un demi pouce, & que celle du Carton soit de 5 Pieds, l'Objet sera grossi en Proportion savoir 120 fois: D'ou il paroit qu'en eloignant le Carton on peut grossir a plaisir. Il sera cependant necessaire de remarquer qu'à mesure qu'on augmente l'Image, on le rend d'autant plus sombre & moins distinct : C'est pourquoi on doit se contenter d'une Distance mediocre ou l'Image soit representée nette & bien illuminée.

Le Microscope double, ou composé de trois Verres, grossit environ deux fois autant que le single; ce pendant le principal Avantage qu'on retire de cette Construction, est de voir un plus grand Champ par lequel on decouvre une plus grande Quantité de l'Objet a la fois ; dont il ne sera pas necessaire de rien dire davantage touchant l'Amplification de ces Microscopes ; mais je passerai a l'Explication.

De la Maniere de determiner la Grandeur reele des Objets.

Quoique les Regles precedentes determinent les Amplifications des Verres, on ne pourra cependant rien conclure de là touchant la Grandeur reéle des Objets que tres imparfaitement. D'autant qu'il n'y a d'autre Methode pour meſurer la Grandeur de quelque choſe que ce ſoit que la Comparaiſon avec une autre d'une Grandeur connue, & c'eſt ce qui ſe peut faire a l'Egard des Objets Microſcopiques par pluſieures differentes Manieres. Mr. *Leuwenhoek* pratiquoit la Meſure de pluſieurs petites Inſectes, en les comparant avec quelque Grains de Sable, qu'il epardoit ſur la Talque ou les Objets etoient Poſez. Dont voyant le Sable groſſi auſſi bien que l'Objet, il jugeoit par la Veüe de la Proportion de leurs Grandeurs. Si par Example cette petite Animalcule lui paroiſſoit la cinquieme partie d'un Grain de Sable en Groſſeur, la Regle pour

pour la Superficie donnera 25 fois, & la Solidité 125 fois. C'eſt a dire, que 125 de ces Animalcules n'excederoient pas la Groſſeur d'un Grain de Sable. Faiſant ainſi la Comparaiſon d'une Objet à une ſeconde, & de cette ſeconde à une troiſieme, &c. on parviendra a la fin, a la Meſure des plus petits Objets qui puiſſent être obſervez avec le Microſcope. Une autre Methode beaucoup plus exacte eſt decrite par le Docteur *Jurin*, qui eſt, de tourner autour d'une Epingle quelque petit Nombre de Tours de Fil d'Archal, d'Argent, ou de quelque autre Fil le plus fin, & le plus egual que l'on puiſſe trouver, ayant ſoin que tous les Tours s'entretouchent, du quel il faut s'aſſurer en les examinant ſoigneuſement avec un Verre convenable ; ainſi une partie de l'Epingle etant envelopée, il en faudra prendre la Meſure tres exactement avec un Paire de Compas, l'appliquant à une Echelle de Parties egualles : & apres avoir conté le Nombre des Tours, on comprendra

 facil-

Facilement que la Diviſion fera voir l'Eſpace de chaque Tour, ou ce qui eſt la même Choſe l'Epaiſſeur ou le Diametre du Fil. Quelques petits Morceaux de ce Fil jettez proche de l'Objet donneront une Idée trés exacte de ſa Grandeur.

Ayant maintenant fait la Deſcription des diverſes Sortes de Microſcopes, & ayant expliqué la Maniere de s'en, ſervir Je dois paſſer à preſent, à donner un petit Detail des principaux Objets, en indicant ce qu'il y a de plus remarquable, afin de faciliter les Obſervations, à ceux qui ſouhaiteront de faire des Recherches dans les Secrets de la Nature. Et afin de rendre le tout auſſi commode qu'il ſera poſſible, Je tacherai de reduire les Objets en quelque Ordre commencant par les plus faciles à obſerver, & ainſi je pourſuivrai aux plus difficiles autant que la Nature du ſujet le permettra.

Des Ecailles des Poiſſons.

LES Ecailles des Poiſſons nous ouvriront un Champ vaſte. Leur Beauté & leur Forme, pour la plupart fort regulieres, nous offrent ce qu'il y a de plus agreables à obſerver. Leurs Figures varient extremement, les uns etant longs, d'autres ronds, d'autres triangulaires ou quarrez ; les uns ſont armez de petites Pointes, & les autres ont leurs Bords unis. Car cette Varieté ne ſe trouve pas ſeulement dans les differentes Sortes de Poiſſons, mais auſſi dans un ſeul & le même. On a communement ſuppoſé que les Anguilles manquoient d'Ecailles, mais ſi on les nettoye ſoigneuſement de la Liqueur viſqueuſe qui les couvre, on pourra avec l'Aſſiſtance du Microſcope decouvrir des Ecailles extremement petits & fort joliment arrangez. Les Ecailles de la Sole ſont deſſinez, comme ils paroiſſent dans le Microſcope, à la Figure C, D, E, F, reprefent la Partie exterieure d'une Ecaille et A, B, C, D, la Partie qui s'attache à la Peau. Les Ecailles du Dos, du Ventre, de la Tête, &c. font forts differentes entr'elles. Pour preparer les Ecailles pour le Microfcope, il faut les tirer foigneufement, avec une Paire de Pincettes, & apres les avoir lavé il faut les mettre fur une Feuille de Papier mince entre les Feuilles d'un Livre, pour les applatir en fechant. Les Cheveux, & le Poil des Animaux quoiqu'ils paroiffentà l'Oeil fort femblables, ne laiffent pas cependant de fournir dequoi à occuper une Perfonne curieufe ; *Malpigi* a eté le premier qui a decouvert que les Cheveux etoient des Tubes ou Cylindres creux contenant une Efpece de Moele. Il y a auffi plufieurs autres Particularitez qu'on pourra obferver facilement, & avec Plaifir, quoique la Defcription n'en pourra donner qu'une Idée trés imparfaite. Le Microfcope, a decouvert que les Semences ne font qu'une Envelope de la Plante

Plante même, & que l'Accroiſſement ne conſiſte qu'en l'Elargiſſement ou Developement de ſes Parties, par les Sucs qu'elles tirent de la Terre. Pour faire l'Obſervation, il faudra les detremper dans de l'Eau tiede, à cette Fin que leurs Tuniques puiſſent être otées ſans dechirer les Feuilles de la petite Plante. Les moindres Sortes, dont la Forme exterieure même echape la Vuë, peuvent fournir des Objets tres agreable. PluſieursSemences ſont ſi petites, que les Anciens ont cru que les Plantes capilaires, & pluſieurs autres Sortes n'avoient pas de Semences, cependant les Verres optiques nous font voir à cet egard une Fertilité extraordinaire.

De la Mouche.

LA Mouche ordinaire eſt un Objet admirablement orné & diverſifié d'un Melange de Couleur d'Argent & de Noir, deux Yeux en Forme me Hemiſpherale, environnez de Poil brillant, une Bouche large, une Trompe velue, & deux Cornes ſont ce qu'il y a de plus remarquables à ſa Tête. C'eſt par ſa Trompe quelle prend ſa Nourriture, qui eſt pour cet Effet d'une Conſtruction trés particuliere. Dans certaines Sortes de Mouches tranſparentes, on peut voir le Mouvement des Inteſtines, & du Poumon, qui nous preſentent un Mechaniſm admirablement concerté; carquand une Mouche eſt diſſequée, on decouvre des Veines ſans Nombre; & quoique ces Veines ſont cent Mille fois plus menues qu'un Cheveux, elles ſont pourtant viſibles par l'Oppoſition de leur Couleur à celle des Inteſtines; celles-ci etant blanches, & les autres noires. Les Ailes des Mouches, & d'autres Inſectes, fourniſſent une Varieté preſque infinie auſſi agreable à l'Oeil que curieux à obſerver etant compoſées de Membranes trés legeres tendues par le moyen des Os d'une Fineſſe extraordinaire. Il y a une ſi grande Difference entre la Figure & Sub-

Subſtanne des Ailes des Inſectes, auſſi bien que dans le Duvet, Poil, & autre Garniture, qu'il faut les avoir examiné ſoigneuſement pour s'en former quelque Idée : Prenez l'Aile d'un Papillon, & abatez legerement avec un Pinceau la Farine dont elle paroit être couverte, & faites en tomber tant ſoit peu ſur une Talque rendue humide par la Reſpiration, en la mettant contre la Bouche, & elle s'y attachera d'abord, puis vous ſerez agreablement ſurpris auſſi-tôt que vous l'aurez placé ſous le Verre groſſiſſant, de voir chaque Particule des cette Pouſſiere, quoiqu' inviſible à Oeil, repreſenter la Figure d'une Plume d'Oiſeau, & même l'emporter en Beauté & Diverſité de Couleur.

Les Yeux des Inſectes nous offrent la Veuë d'un Mechaniſme ou Structure, dont la Diſpoſition, & l'Arrangement nous auroient à jamais etéin-connus, ſans l'Aſſiſtance du Microſcope ; à l'egard de pluſieurs Sortes d'Inſectes, aſſavoir l'Eſcarbot, la Mouche à Miel, le Cerf volant, la

Guepe & autres, on apperçoit deux Croiſſans ou Coeffes en Forme d'Hemiſphere, composant la plus grande Partie de la Tête, & contenant un Nombre prodigieux de petits Miroirs convexes, arrangez avec la derniere Exactitude en droites Lignes qui s'entrecroiſent en Treillis ; je les appelle des petits Miroirs convexes, parce qu'en Effet ils paroiſſent comme Tels ; mais ils ſont reellement autant d'Yeux ſi parfaitement polis, qui, comme des Miroirs, reflechiſſent les Images des Objets exterieurs : Ont peut remarquer la Repreſentation d'une Chandelle multipliée preſque à l'Infini ſur leurs Surfaces. Par ce moyen ces Sortes de Creatures peuvent voir les Objets de toutes Parts en un Inſtant, ſans aucun Mouvement des Yeux. Et en même Tems l'Attachement de l'Obſervateur lui fera voir pluſieurs autres Choſes qui ne manqueront point de le remplir d'Admiration.

De la Puce.

LA Figure de cette petite Insecte, q'on appelle une Puce, est des plus Particulieres, & par Consequent fort curieuse à voir dans le Microscope. Elle a le Corps par tout couvert d'Ecailles, trés dures & artistement arangées, & placées les unes sur les autres, & armées de longues Piques a peu près semblables aux Soies d'un Porc-epic, le Cou de cette Insecte ressemble à la Queüe de l'Ecrevisse de Mer ; chaque Coté de sa Tête est orné d'un Oeil luisant, noir, & trés vif. Ce qu'il y a de plus extraordinaire, c'est la Disposition des deux Iambes de devant, qui proviennent de la Tête, entre lesquelles il y a une Espece de Trompe avec laquelle elle perce la Peau, afin de sucer le Sang. Cette Trompe est garnie de deux petits Dards ou Lancettes, qui servent à penetrer plus profondement dans la Chair pour en faire sortir le Sang. Elle est tellement

placées

placée entre les deux Jambes, qu'il faut ſe ſervir d'Adreſſe pour la voir. Pour y reuſſir, il faut couper les Jambes tout proche de la Tête, & avec la Pointe d'une Eguille trés fine, on pourra la relever, & la faire paroitre. Si la Tête eſt coupée premierement, vous la menagerez plus facilement. Les Puces ſont Males & Femelles; ces dernieres attachent, ou poſent leurs Oeufs au Fond du Poil des Chiens, Chats, & autres Animaux, ou elles les colent avec une Subſtance gluante. La Chaleur les fait eclorre, & des petits Vers en ſortent, qui ſubiſſent à peu pres les mêmes Changemens que font les Vers à Soye. Si vous enfermez des Puces dans une Tube de Verre, que vous loucherez à chaque Bout, mais de Maniere, que l'Air y trouve un Paſſage, vous pourrez obſerver leurs differens Mouvemens, & en particulier leur Maniere de s'accoupler, Queüe à Queüe; la Femelle qui eſt la plus groſſe, couvrant le Male. Elles dechargent auſſi leurs Oeufs 10 ou 12 à la fois pleuſieurs plusieurs Jours de Suite. Outre les deux Jambes dejà decrites, elles en ont quatre autres a la Poitrine, qui se terminent en longues Griffes. Quand la Puce veut sauter, elle se ramasse les six Jambes ensemble contre le Corps, dont elle exerce toute la Force conjointement, se transportant d'un seul Saut à une Distance surprenante, plus de 100 fois sa Longueur.

Du Pou.

LE Pou est couvert d'une Peau si transparente, qu'il est facile de voir tout ce qui se passe au dedans du Corps avec l'Assistance du Microscope, auquel il est à cet egard un Objet trés agreable. Le Mouvement de ses Intestines est en Effet, fort surprenant, qui se continue de l'Estomac jusqu'a l'Anus; les Veines & Arteres etant blanches se decouvrent dautant plus facilement, dont on peut avoir le Plaisir de voir leur Battement.

Au

Au deſſus de deux Yeux noirs, il eſt armé de deux Cornes, et au Lieu de Bouche, il a un Etui, qui contient un Aiguillon, pour percer la Peau, & tirer les Humeurs dont il ſe nourrit. Si vous placez un Pou affamé ſur le Dos de la Main, vous le verrez auſſitôt lancer ſon Aiguillon, dans la Peau, par lequel vous pourrez voir monter le Sang dans un Receptacle ſitué dans la Partie anterieure de la Tête, & paſſant de là à un autre plus près du Sommet de la Tête, il le de charge dans l'Eſtomac par le moyen d'un Conduit, ou Tuyau, d'une Fineſſe extraordinaire, & de la par un Boyau vers la Partie poſterieure du Corps ; & la Force dont les Entrailles de cet Animal ſont agitées, pour digerer ſon Aliment eſt tout à fait digne d'Obſervation : Elles ſemblent ſubir une Separation, les Parties les plus pures etant reſervées pour la Nourriture du Corps, tandis qu'on voit des petites Particules noires prendre leur Cours vers l'Anus, afin d'en être dechargées. Quoique cette Sorte d'Inſecte d'Inſecte ſe remue fort lentement ce n'eſt cependant pas faute de Pieds; car elles ſont garnies de trois à chaque Coté, qui ſont couverts d'un Peau reſſemblant au Chagrin. Elles ſe terminent en deux Ongles, dont l'un excede l'autre de beaucoup en Longueur, deſquels ils ſe ſervent pour les ſoutenir. Le Pou etant tourné ſur le Dos, on decouvrira deux Taches, ou Subſtances noires, la plus grande au Milieu du Ventre, & la moindre vers la Queüe; ſur la premiere on apperçoit une Semblance de Veſſie blanche agitée par un Battement continuel. Cette Partie etant piquée la Mort s'enſuit immediatement, dont on doit conclure, que c'en eſt le Coeur.

Les Inſectes qui tourmentent pluſieurs Sortes d'Animaux different beaucoup entre elles Ceux qui auront la Curioſité de les rechercher, en troveront preſque par tout, elles mêmes n'etant pas exempts, les moindres Sortes etant tourmentées par d'autres encore moindres, de quelle

Diligence

Diligence ne doit on donc pas s'animer, lorſque qu'on a Deſſein d'examiner les Merveilles de la Nature ? et certainement ces Perſonnes ſont blamables, qui ayant les Commoditez & le Loiſir paſſent cependant toute leur Vie dans un Cercle continuel d'Amuſement pueriles & frivoles.

De l'Araignee.

CETTE Inſecte ſi mepriſable, nous fournit pourtant de pluſieurs Sujets d'Admiration quand nous l'avons ſous le Microſcope ; ſes Yeux ſont immobiles, mais la Nature en Recompence lui a donné un plus grand Nombre. Il en a deux au deſſus de la Tête, ou du Corps, (car n'ayant point de Cou, la Tête paroit faire Partie du Corps) deux autres un peu au deſſous regardent en face pour decouvrir ce qui vient a ſa Rencontre, & un a chaque Coté, dont l'un regarde obliquement en derriere,

riere, & l'autre eſt un peu tourné devant. Neanmoins on ne trouve pas le même Nombre dans toutes les Sortes, les unes ayant dix, les autres huit, ſix, ou quatres, mais que le Nombre ſoit ce qu'il voudra, ils ſont toujours immobiles. Leur Diſpoſition trés curieuſe merite l'Examination la plus exacte ; pour y reuſſir, tranchez les Pieds, & la Queüe, afin de n'avoir que la Tête ſous le Verre, elles marchent toutes ſur huit Pieds, qui ſont armez de trois Ongles crochus, dont deux ſont remplis de petites Pointes propres a tenir ferme ce qu'ils ſaiſſiſſent, le troiſieme eſt uni, & paroit ſervir à embraſſer les Filets, par leſquels elles ſe ſoutiennent ; outre cela elles ſont fournies de deux Bras, qui les aident à menager leur Proye, laquelle elles ſaiſiſſent, & tuent en même Tems, par le moyen d'une petite Machine, qui ſe replie dans un Etui. La Figure la repreſentera mieux que la Deſcription.

Du Limaçon.

LE Limaçon eſt Hermaphrodite, chaque Individu ayant les Parties naturelles des deux Sexes. Ils ont quatres Yeux, ſituez aux Bouts de leurs Cornes, qu'ils etendent & retirent à Plaiſir, & etant flexibles, ils les tournent en toutes Directions. Quand vous le verrez alonger une de ſes Cornes, coupez en promptement l'Extremité, & l'ayant placé ſous le Microſcope, vous decouvrirez l'Oeil au Bout, qui paroit comme une petite Tache noire, & qui ne manquera pas de vous donner une Occupation fort agreable.

La Diſſection de cet Animal eſt fort curieuſe, par l'Aſſiſtance des Verres magnifians, qui decouvrent non ſeulement le Coeur ſe battant vis à vis d'une petite Ouverture proche du Cou, mais on peut auſſi obſerver le Foie, la Ratte, l'Eſtomac, les Boyaux, les Veines & Arteres ; les

les Boyaux ſont verds, ce qui procede des Legumes dont ils ſe nourriſſent. La Gueule reſſemble à celle d'un Lapin, ayant quatre ou ſix Dents fort aigues. C'eſt une Choſe digne d'être remarquée, que le Limaçon decharge ſes Excrements par un petit Trou proche du Cou, par ou il reſpire, & au même Endroit auſſi ſont ſituées les Parties qui ſervent a la Generation.

Des Vers qui s'engendrent dans le Fromage.

LES Vers qu'on trouve dans du Fromage pourri, & qui paroiſſent à l'Oeil comme de la Pouſſiere mouvante, ſont de petits Animaux parfaitement formez en tous leurs Membres, & qui exercent toutes les Fonctions neceſſaires à la Vie avec autant de Regularité que des Animaux qui les ſurpaſſent infiniment en Grandeur. Ils ont la Tête petite à Propor-

Proportion du Corps; les Yeux, quoique tres petits, ſont neanmoins fort perçans & ſubtils; car ſi vous les touchez une fois avec la Pointe d'une Eguille, vous les trouverez ſur leur Garde pour eviter une ſeconde Attaque.

Les Diviſions de la Tête, du Cou, & du Corps ſe diſtinguent facilement par l'Aide du Microſcope. La Partie poſterieure du Corps eſt groſſe & remplie, etant ornée d'un petit Nombre de longs Cheveux. Les Femelles dechargent leurs Oeufs comme les Poux & les Arraignées, dont les petits ſortent parfaitement formez, qui dechargent leur Peau pluſieurs fois avant qu'ils atteigment leur Stature parfaite. Ils demeurent en Vie longtems; & ſi vous les mettez entre deux Verres concaves, on peut les obſerver à Plaiſir, & en les regardant ſouvent, on decouvrira pluſieurs Particularitez. On les trouvera ſouvent en Conjonction Queüe à Queüe; car quoique le Membre viril du Male ſoit au Milieu du Ventre, il eſt tourné en arriere comme celui du Rhinoceros. Dans l'Hyver, leurs Oeufs ſont pluſieurs Jours avant d'eclorre ; mais 12 ou 14 Jours ſufiſent en Eté.

Il eſt divertiſſant de les voir quand ils ſortent de l'Oeuf, etant quelquefois un Jour entier en Agitation avant de pouvoir s'endegager entierement.

****

Des Animalcules qu'on trouve dans les Liqueurs.

OUTRE les differentes Sortes d'Inſectes & de Vermines dont nous avons traitez, qui ſe voyent bien a l'Oeil dans leur Groſſeur naturelle, mais deſquelles le Microſcope nous ſert à examiner les Figures auſſi bien que toutes les Minucies qui leur appartiennent, on trouve encore une Varieté ſi prodigieuſe de petites Creatures vivantes dans pluſieurs Sortes de Liqueurs, qu'on peut avec Proprieté les appeller un nouveau Monde, pour la Decouverte duquel nous ſommes

mes redevables au Microſcope. Voici donc un Champ vaſte qui s'ouvre à nôtre Vuë, & ou nous aurons abondament dequoi rechercher & admirer dans un Nombre d'Objets raviſſans, & dignes de l'Examination la plus recherchée. Nous ferons donc ſur ce Sujet quelques Remarques generales, pour expliquer la Nature de ces Inſectes, & enſuite il faudra enſeigner la Maniere de les obſerver, à laquelle nous ajouterons quelque petit Detail de ce qu'il y a de plus remarquable. Nous commencerons à obſerver, que quoique ces Animalcules ſe trouvent dans les Liqueurs, cependant elles n'y reſte pas toujours ; c'eſt à dire qu'elles n'y paſſent point toute leur Vie : mais apres y avoir eté quelque Tems, elles changent de Forme à peu pres comme les Vers à Soye, et prennent une Figure entiérement differente de la premiere ; elles prennent des Ailes, & s'envolent ; & ainſi deviennent des Habitans de la Region de l'Air. C'eſt là qu'elles s'accouplent, & s'y trouvent

en

en Etat de chercher des Endroits propres à loger leurs Oeufs : C'eſt pourquoi il n'y a pas Lieu de douter, que l'Air ne ſoit continuellement rempli d'une Infinité de ces Inſectes inviſibles qui nous environnent toujours, & que nous prenons avec nôtre Nourriture, & même avec la Reſpiration. De là il s'enſuit, que ces Vers que nous trouvons dans ces Liqueurs naiſſent des Oeufs qui y ſont logez par leurs Parens, qui choiſiſſent les Liqueurs les plus propres pour la Nourriture des Petits, lorſqu'ils ſeront engendrez. De là vient, que quoique l'on trouve quelque fois des Animalcules dans de l'Eau pure, ce n'eſt pourtant qu'aprés qu'elle a croupi quelque Tems, & a été expoſée a l'Air, & encore n'y en a-t'il gueres en Comparaiſon de ce qu'on trouve dans des Eaux où on a trempé quelques Herbes, ou Plantes. Il s'eſt trouvé des Perſonnes qui ont cru que les Oeufs, d'ou ces Vers s'engendrent ſont logez dans les Plantes dont on fait l'Infuſion, mais l'Experience nous enſeigne

enſeigne le contraire ; car ſi on couvre la Liqueur, auſſi-tôt que l'Infuſion eſt faite d'une Piece de Cambrai ou Mouſſeline, elle continuera ſans produire des Creatures vivantes ; mais auſſi-tôt que vous oterez ce qui la couvre, vous la verrai dans peu de Jours toute remplie d'Inſectes. Il paroit donc aſſez clairement, que ce qui les engendre vien de dehors, & que la Raiſon de ce qu'on les trouve en grand Nombre où quelque Plante a eté trempée, eſt, que les Particules qui ſe detachent de la Plante, & nagent dans la Liqueur, leurs ſert de Nourriture.

Une autre Remarque que je ne doit pas oublier, eſt, que les mêmes Sortes d'Animalcules ſe trouvent dans des Infuſions tout à fait differentes, d'ou il paroit encore qu'elles ne ſont pas engendrées de la Subſtance des Plantes, mais qu'elles y ſont apportées d'autres Parts. Il eſt neanmoins probable, que differentes Sortes demandent une Nourriture differente, qui eſt la Cauſe pourquoi l'on trouve differentes Eſpeces dans differentes Liqueurs.

Les Subſtances dont on fait ordinairement les Infuſions, ſont le Fenouil, la Sauge, le Thé, du Foin, du Poivre, les Tiges, les Feuilles & les Fleurs, ou les Semences de pluſieurs Sortes de Plantes & Verdures. Apres avoir broyé aucune de ces Subſtances, mettez en dans une Phiole ouverte, autant qu'il ſuffira pour couvrir le Fond, environ la Hauteur d'un demi Pouce ; verſez y de l'Eau de Pluye à la Hauteur de deux Pouces ou environ ; il faut bien agiter la Mixtion auſſi-tôt qu'on l'a fait, après cela il ne faut plus la remuer, mais il faut laiſſer la Phiole decouverte & expoſée a l'Air, et en peu de Jours vous verrez une petite Pelicule, ou Eſpece de Peau, ſur la Surface de l'Eau qui reflechira les Couleurs priſmatiques.

C'eſt dans cette Pelicule, que les petites Animalcules ſont aſſemblées par Millions ; les Verres, qui groſſiſſent le plus les Objects, peuvent à peine les decouvrir d'abord, mais à Mesure qu'ils croissent, on les observe avec plus de Facilité. Elles ne descendent gueres souvent au dessous de la Surface de l'Eau, au moins quelles ne soint effraiées,ou autrement derangées, & en tel Cas, elles s'elanceront toutes vers le Fond en un clin d'Oeil, sans remonter pour quelque Tems. La Chaleur hâte leur Production, & le Froid la retarde ; neanmoins si l'Eau ne gele pas, elles se produiront avec le Tems.

Environ la Grosseur de la Tête d'un Epingle de cette Liqueur, ou Ecume suffit pour observer des Creatures sans Nombres il faut la prendre avec le Bec d'une Plume, ou le Bout d'un petit Pinceau, & la mettre sur une Talque sous le Microscope ; et si on se sert d'abord d'un Verre qui ne grossit guere, on ne decouvrira que les plus grosses, mais en changeant de Verre pour grossir de plus en plus, on en decouvrira de moindres continuellement, à Mesure que les Verres grossissent; ce qui donne

donne Lieu a ſoupçonner qu'il y en peut avoir, dont la Petiteſſe echape à toute la Subtilité & Diligence de nôtre Recherche.

L'Infuſion de Poivre produit cinq ou ſix Eſpeces d'Animalcules. La plus groſſe Sorte eſt repreſentée dans la Taille. Leur Longueur eſt environ egal au Diametre d'un Cheveu, ce qui eſt trois ou quatre fois leur Largeur. Elles ſe tournent ſouvent en l'Eau nageant quelque fois ſur le Ventre, & quelque fois ſur le Dos. Le grand Nombre dePieds qu'elles ont à chaque Coté reſſemblent a des Franges. Une ſeconde Sorte aſſez commune eſt en Longueur environ le Tiers de l'Epaiſſeur d'un Cheveu; & traine une Queüe cinq ou ſix fois la Longueur du Corps, laquelle elles tourneut ſouvent en Maniere de Vis. Fig. Une troiſiéme Sorte eſt environ de la Grandeur des dernieres, mais ſans Queüe. Une quartiéme Eſpece, qui eſt longue & menue, leur Epaiſſeur n'etant pas plus de la cinquantiéme Partie de leur Longueur, qui eſt encore au deſſous du Diametre d'un Cheveu ; leur extreme Petiteſſe ne nous permettant point de diſtinguer les differentes Parties du Corps, on ne peut pas même diſtinguer la Tête de la Queüe, d'autant qu'elles nagent auſſi facilement en mettant une Partie devant, qu'en mettant l'autre ; les autres Sortes qu'on peut obſerver quelque fois ſont ſi petites, qu'il n'eſt pas facile d'en donner la Deſcription.

Il eſt aſſez divertiſſant, pendant que ces Animalcules ſont ſous le Microſcope, d'obſerver les Effets que produira parmi elles le Melange de certaines Liqueurs qu'on y mettra par Exemple, la moindre Quantité imaginable d'Eſprit de Vitriol avec la Pointe d'une Epingle, les fera mourir a l'Inſtant, & devenir plates ; une Diſſolution de Sel les tue auſſi, mais elle ne s'applatiſſent pas comme dans l'autre Cas ; au contraire, elles ſe retreciſſent en une Forme ovale. De l'Encre, de l'Urine, & du Sang les tuent auſſi. La Salive même les fait mourir en peu de Tems, une Infuſion

fusion de Foin, de Bled, d'Orge, ou d'Avoine, &c. produit plusieurs Especes semblables à celles qui sont representées a la Fig.

On y trouve quelque fois une Espece très remarquable, dont la Figure ressemble à une Poire; elles s'elevent souvent sur la Queüe, qui est pointue, & font des Contours long Tems sans avancer ni reculer l'Epaisseur d'un Cheveu.

On y voit encore des Animalcules en Forme d'Anguilles, lesquelles se trouvent dans plusieurs autre Sortes d'Infusions & de Liqueurs. Si on laisse du Vinaigre dans une Bouteille qui n'est pas bouchée, on verra dans peu de Jours une grande Production de cette Espece d'Animalcules; sur tout dans l'Eté, elles sont d'une Grosseur si considerable qu'on les peut voir sans l'Assistance des Verres. Leurs Figures sont dessinées.

Prenez une petite Goute de Vinaigre de la Surface avec la Tête d'une Epingle, & mettez la sous le Microscope selon la Direction, auparavant donnée, vous les verrez d'abord dans une Agitation extraordinaire, faiſant des Contours ſans Relache, tellement que vous aurez de la Peine à obſerver leur Figure, mais ſi vous attendez que la Liqueur ſoit ſechée, leur Mouvement ſe ralentira beaucoup, ce qui vous permettra, de les examiner avec plus de Facilité.

La meilleure Maniere de produire les Anguilles, & de les conſerver, à fin d'en être fournis en toutes Occaſions, eſt de faire boullir un peu de Farine dans de l'Eau, juſqu'a ce que la Liqueur commence à ſe lier en Maniere de Pate ; il ne faut pas quelle ſoit trop liquide, ni trop epaiſſe, laiſſez la Liqueur quelque Tems expoſée a l'Air en prenant garde de remuer la Pate pour la bien meler de Tems en Tems, et empecher qu'elle ne devienne dure ou moiſie ſur la Surface, ce qui vous empecheroit de reuſſir ; dans peu de Jours vous la trouverez un peu ſure ; ce ſera alors que vous y decouvrirez ſi vous l'examinez avec Attention, une Multitude de trés petites Animalcules reſſemblants

ſemblants des Anguilles, qui groſſiront tous les Jours, juſqu'a ce qu'elles deviennent viſibles à l'Oeil. Quelques Goutes de Vinaigre verſées deſſus la Pate de Tems en Tems hâteront leur Production, & les ayant une fois produit, on les pourra conſerver toute l'Année en y verſant quelque fois du Vinaigre, ou en y mettant de la Pate à Meſure que la Maſſe ſe ſeche. Par ce Moyen vous ſerez toujours pourvu d'Objets, les plus divertiſſans & agreables, qu'on puiſſe examiner dans le Microſcope. Elles ſe trouvent pour la plupart ſur la Surface de la Pate, contre les Cotez de la Phiole, qui doit être de Verre, afin qu'on puiſſe plus facilement remarquer l'Endroit ou il y en a le plus. Prenez alors la moindre Quantité que vous pourrez avec le Bec d'une Plume, & la mettez ſur une Talque, en y melant un peu d'Eau pour le detremper, & leur donner Lieu de ſe degager les unes d'avec les autres. Vous les verrez alors s'emouvoir d'une Viteſſe extraordi-

 naire

naire en faiſans milles differens Contours, tandis qu'il y reſte de l'Humidité, mais à Meſure que l'Eau s'evapore, elles expirent.

Le Microſcope ſolaire les groſſit extremement, de Sorte qu'on peut appercevoir le Mouvement de leur Entrailles avec pluſieurs autres Particularitez remarquables.

Si on entreprenoit de d'ecrire toutes les differentes Sortes d'Inſectes, qui ont eté obſervées dans toutes les Infuſions qu'on a eprouvé pour cet Effet, on en pourroit remplir un Volume aſſez conſiderable, qui ſerviroit plutôt à ennuyer qu'à inſtruire ; d'autant qu'une telle Deſcription ne donneroit qu'une Idée très imparfaite de leur Figures des quelles il ſuffira de remarquer en general, que chaque Melange produit quelque nouvelle Eſpece ; l'Eau de Pluie même, ſans aucun Melenge ne croupira pas longtems, ſans en contenir un grand Nombre, mais celles qui ont croupi en ſont toutes remplies. C'eſt ce qui fait qu'on voit ſouvent dans l'Eté les

Eaux

Eaux de Mar paroitre tantôt vertes, tantôt rouges, & quelque fois d'une Couleur brunâtre etant rendus telles par un Nombre infini de ces Animalcules qui les obſcurciſſent. On en trouve un ſi grand Nombre dans les Eaux qui decoulent du Fumier, qu'on eſt obligé, quand on en met ſous le Microſcope de les detremper avec de l'Eau pure, pour leur donner Lieu de ſe remuer, & ſe degager les unes des autres. On trouve dans la Taille les differentes Sortes d'Infuſions avec les Figures des Animalcules.

On ne ſera point ſurpris, que chaque Melange produit differentes Eſpece, ſi on fait tant ſoit peu d'Attention à ce qui ſe paſſe dans la Nature, Car en Effet ne voit on pas, que chaque Creature cherche la Nourriture qui lui eſt la plus couvenable; c'eſt pourquoi il paroit que les petites Inſectes qui dechargent les Oeufs deſquels ces Animalcules ſont engendrées cherchent, par un certain Inſtinct, qui domine dans les Creatures qui ſont plus a nôtre Portée, des Endroits qui ont l'Apparence de pouvoir fournir la Nourriture propre pour les Petits qui en seront engendrez. Mais quoi qu'il en soit, il nous est plus séant d'admirer les Merveilles de la Nature, que de pretendre les approfondir au delà de nos Connoissances.

Des Polypes.

CETTE Insecte, ou Animalcule, est de la même Classe de celles que nous venons de decrire. Mais comme elles sont d'une Nature tout à fait extraordinaire, & qu'elles ont des Qualitès contraire aux Opinions qui ont eté communement recues touchant la Vie animale, nous croyons qu'elles meritent une Description particuliere. Le Corps du Polype n'est qu'une Espece de Tuyau, dont la Longueur, grand ils s'etendent, n'excede point 9 ou 10 Lignes ; mais ils se retirent & se racourcissent jusqu'à une Ligne.

A Me-

A Mesure quils se retirent, ou se diminuent en Longueur, ils grossissent en s'enflant ; c'est pourquoi dans leur Figure la plus racourcie, ils ressemblent à des petites Boules. De la Partie anterieure du Corps procedent plusieurs Cornes, ou Bras, qui les environnent en Forme de Rayons. Leur Nombre varie de six à douze, & quelque fois d'avantage. Les Bras sont pour la plus Part environ la Longueur du Corps. Ils ont la Faculté de les etendre & de les racourcir de la même Maniere que le Corps. Le Polype peut etendre les Bras, sans etendre le Corps, aussi peut s'alonger le Corps sans que les Bras s'etendent. Ils peuvent aussi etendre, ou recourcir quelques uns de leurs Bras sans mouvoir les autres. On les trouve attachez a la Tige de quelque petite Herbe ou Plante aquatique, ou quelque fois contre des Pierres au Fond, ou vers les Bords. Ils s'y attachent par la Partie posterieure du Corps, y etant en quelque Maniere colez ; dans cette Situation ils etendent

dent le Corps & les Bras, au moins qu'il n'y ait quelque Chofe qui les inquiete ou les effraye.

Les Bras du Polype font trés fenfibles au moindre Attouchement ; & s'il arrive que quelque petite Infecte s'en approche, le Bras fe plie auffi-tôt pour s'en faifir, & fait de grands Efforts pour la porter a la Bouche. Le Polype faifit & avale quelque fois des Infectes plus groffes que lui même. Quand ces Infectes fe trouvent ainfi faifies, elles font tous leurs Efforts pour s'echaper tournans le Bras qui les tient faifies d'uu Coté & d'autre avec grande Violence. Le Polype tache en même Tems d'accourcir le Membre pour approcher fa Proye à fa Bouche, ou elle eft retenue par l'Aide des autres Bras ou Membres qui l'embraffent en même Tems. Le Corps du Polype, comme nous avons dejà dit, n'eft pas autre Chofe qu'une Efpece de Tuyau, dont l'Ouverture anterieure peut être nommée, la Bouche. On la voit toujours un peu ouverte, mais quand fes Bras lui ont

ont apporté quelque Chofe à avaler, il la dilate peu a peu, jufqu'à ce qu-elle foit capable d'admettre fa Proye à laquelle elle s'ajufte exactement en la ferrant pour la faire entrer petit a petit dans la Pattie du Corps qui lui fert d'Eftomac. Le Corps etant ainfi rempli, s'enfle, & s'accourcit en même Tems, pour s'ajufter à la Groffeur & Forme de ce qui y eft contenu, & à Mefure qu'il digere & decharge fa Nourriture, il s'etend de Nouveau, & devient comme auparavant. Il arrive quelque fois qu'une même Infecte fe trouve faifie par deux Polypes à la fois, qui la tirent par les deux Bouts ; chaque Polype avallant une Partie, peu a peu, il fe rencontrent Bouche à Bouche ; & dans cette Situation reftent quelque Tems ; s'il arrive que l'Infecte, ou le Vers fe rompt, ils en ont chacun leur Part. Mais fi le Vers ne fe rompt point, le Demelé continue, & le Polype, qui dilate le plus fa Bouche, avale l'autre en Partie, fur qui il paroit avoir remporté la Victoire ;

mais

mais la Fin du Combat en decide tout autrement ; car le Polype qui eſt entré dans l'Eſtomac de l'autre en tire toute la Proye ; apres cela il ſe retire ſain & ſauf hors du Corps de ſon Ennemi, quoique quelque fois il y ſera detenu plus d'une Heure.

La Generation du Polype eſt des plus particuliere, les Petits croiſſent à leurs Cotez à peu prés de la Maniere que les jeunes Branches pouſſent de la Tige d'une Plante. Peu de Tems aprés qu'on a vu ſortir le Petit, on lui voit croitre des Bras autour de la Partie anterieure de ſon Corps ; car c'eſt par ſa Partie poſterieure qu'il tient a ſa Mere. A Meſure que leurs Corps s'augmentent, leurs Queües ſe diminuent, juſqu'à ce que ne tenant que par un Filet trés fin, ils tombent & quittent la Mere. Les Polype engendrent plus ou moins, ſelon les differens Degrez de Chaleurs ou de Froid. Il y en a qui ſont parfaitement formez dans l'Eſpace de 24 Heures, au lieu que d'autres ne le

feront

feront point qu'à la Fin de deux Semaines.

Il y a une autre Maniere fort extraordinaire pour multiplier les Polypes. Si on les coupe en deux, il croitra dans peu de Tems une Tête a la Queüe, auſſi la Tête ne ſera pas longtems ſans être garnie d'une Queüe, & ainſi les deux Moitiez deviendront deux Polypes parfaitement formez.

De la Circulation du Sang.

LA Vie Animale conſiſte principalement dans la Circulation des Fluides par des Vaiſſeuax que la Providence a arrangés d'une Maniere à les conduire par toutes les Parties du Corps afin de diſtribuer à chaque Partie la Nourriture qui lui convient. C'eſt le Coeur qui eſt le premier mobile dans cet excellent Chef d'Oeuvre de Mechaniſme, qui à

chaque

chaque Siſtolc pouſſe le Sang dans les Arteres d'une ſi grande Force, qu'on les voit enfler ſenſiblement, même juſqu'aux Extremitez du Corps. A Meſure que les Arteres s'eloignent du Coeur, elles ſe diviſent en Branches dans une Continuité, dont la Groſſeur decroit en même Tems que le Nombre s'augmente, juſqu'à devenir d'une Petiteſſe ſi extraordinaire, qu'à Peine peut on les voir avec les meilleurs Verres. C'eſt de ces Extremitez des Arteres que le Sang paſſe dans les Veines, qui n'en ſont à proprement parler qu'une Continuation. Il eſt facile à voir cependant, que le Mouvement du Sang dans les Veines eſt contraire à celui qui coule dans les Arteres, puiſqu'il y entre par les Extremitez, & paſſant de là aux plus grands Receptacles ſe rend en fin au Coeur ; & de cette Maniere la Circulation ſe continue.

Il y a un grand Nombre de petites Inſectes, qui, à Cauſe de leur Tranſparence, nous permettent d'obſerver ce qui ſe paſſe dans les Parties interieurs

rieurs de leurs Corps. Les Animaux qui ſont plus grands ont la Peau, & les Membranes trop opaques pour nous permettre de voir les Vaiſſeaux qui ſont deſſous, beaucoup moins pouvons nous voir le Cours du Sang qu'ils renferment.

C'eſt pourquoi il ſera facile à concevoir, qu'il y a une Theorie plus ſcientifique par Rapport à la Circulation des Fluides, au Mouvement des Inteſtines & du Cerveau, ou dans aucun Mouvement interieur, en examinant ces Sortes d'Inſectes avec le Microſcope, que par la Diſſection des grands Animaux, ou autres Experiences anatomiques : Car la Peau de ces petites Inſectes eſt ſi tranſparente, qu'on voit diſtinctement au travers l'Arrangement, & la Diſpoſition des Vaiſſeaux, qui ſont deſſous. Les Tuniques même de ces Receptacles ſont d'une ſi grande Fineſſe, qu'elles ne nous empechent point d'obſerver les Operations les plus interieures & ſecrettes de la Nature ; lorſque

lorſque tout eſt en Repos, & que chaque Partie fait ſa Fonction ſans aucun Empechement, au lieu que les Diſſections mettent tout en Deſordre, & nous montrent plutôt les Convulſions de la Nature, que ſes Fonctions regulieres. Outre qu'après avoir remarqué à Loiſir le Cours regulier & naturel du Sang, on peut par pluſieures Manieres y introduire le Deſordre, qui fera voir le Changement que les Maladies produiſent dans le Cours des Fluides ſelon leurs differens Degrez, juſqu'à ce que la Mort intervienne pour les arreter entierement. Les petites Inſectes, ou Vermines, dont les Corps ſont forts tranſparens nous offrent le Spectacle de l'Arrangement auſſi bien que les divers Mouvemens des Parties interieures en Generale ; mais la Fineſſe extreme des moindres Vaiſſeaux fait qu'elles echapent l'Examen le plus ſubtil ; c'eſt pourquoi tout ce que nous pouvons faire dans cette Matiere, eſt de chercher les Parties les

plus

plus ſubtiles ou minces des Creatures qui ſont d'une Grandeur mediocre.

Pluſieurs Sortes de petits Poiſſons peuvent ſervir très bien pour cet Uſage, les Nageoires & la Queüe etant des Parties fort minces & tranſparentes.

Les Anguilles, les Plies, & pluſieurs autres petits Poiſſons ſont très propres pour ces Sortes d'Obſervations ; la Maniere de les placer ſous le Microſcope dans un Tuyau de Verre, a dejà eté expliquée dans la Deſcription des differentes Parties de l'Appareil de cette Machine.

La Queüe du Lezard miſe ſous le Microſcope dans le Tuyau, nous preſente une Vuë de la Circulation d'une Maniere très agreable par une grande Varieté de petits Vaiſſeaux ; les moindres Lezards etant les plus tranſparens ſont d'autant plus propres pour ce Deſſein, ou on voit le Courant du Sang en toutes Directions, non ſeulement dans la Queüe, mais auſſi dans les Membranes des Piez.

La

La Circulation ſe voit auſſi d'une Maniere fort agreable dans la Queüe de la Chevrette, & dans les Membranes qui joignent les Orteils de la Grenouille. Les Arteres ſont diſtinguées des Veines par les Accelerations, ou Secouſſes du Sang à chaque Syſtole du Coeur, au lieu que dans les Veines le Sang eſt conduit par un Mouvement regulier.

Je ne dois pas oublier ici de faire mention de la Moule, qui nous permet d'obſerver la Circulation avec plus de Facilité qu'aucune autre Creature, car ſi on ôte la Moule de ſa Coquille avec Soin, & qu'on la mette ſous le Microſcope, on en peut clairement voir le Mouvement du Sang en voyant au travers ſes Membranes par l'Eſpace de pluſieurs Heures d'une Maniere trés agreable & ſatiſfaiſante ; ſi méme on tranche la moindre Partie d'une des Membranes, qui joignent la Moule à ſa Coquille, & qu'on la mette ſous le Microſcope, on y verra circuler le Sang en pluſieurs

eurs

eurs Directions pour long tems. Il eſt à propos à preſent de remarquer en general que tous les Objets, qui ſont propres pour le Microſcope Ordinaire peuvent etre groſſis beaucoup plus par le Moyen du Microſcope Solaire, que par aucun autre, ayant outre cela l'Avantage de repreſenter l'Image ſur une Toile blanche à la Vuë d'une Compagnie nombreuſe, mais c'eſt ſur tout dans les Obſervations qui concernent le Cours du Sang, ou l'Excellence de cette Machine s'eclate le plus on ne ſcauroit trouver d'Expreſſions aſſez fortes pour depeindre ſuffiſamment ces Sortes de Repreſentations, ou l'on voit les Globules du Sang pouſſez contre les Angles des petits Vaiſſeaux qui les font rejaillir à l oppoſite du Cours du Sang, par lequel elles ſont encore repouſſéz à pluſieurs Repriſes, juſqu'à ce qu'elles deviennent aſſez petites pour pouvoir s'inſinuer dans les moindres Tuyaux.

Il

Il eſt trés admirable à voir, comment les plus grandes Arteres ſe diviſent en Branches d'une Fineſſe qui les rend preſqu'inviſibles, deſquelles la Continuation forme les Extremitez des Veines ; les Ouvertures de ces Tuyaux, ou Organes, etant ſi petites qu'un Globule de Sang n'y peut trouver Paſſage qu'à grande Peine, juſqu'a ce qu'ils ſe diviſent en moindres Globules plus conformes aux Diametres des Vaiſſeaux par ou ils doivent paſſer comme nous l'avons dejà remarqué ; ce qui nous conduit naturellement à expliquer comment il faut obſerver le Sang, quand il eſt tiré des Veines. Prenez la moindre Quantité poſſible de Sang nouvellement tiré des Veines, & avec le Bec d'une Plume, ou petit Pinecau, mettez le ſur une Talque, ayant Soin de le bien etendre, afin que la trop grande Quantité ne le rende opaque. Ces Precautions etant priſes, on obſervera facilement la Conſtitution du Sang, qui conſiſte confiſte principalement dans une Liqueur aqueuſe, remplie d'un Nombre infini de Globules rouges, qui le colorent, chaque Globule etant composé de ſix autres aſſembléz comme la Figure les repreſente. Ces moindre ſont encore diviſéz en ſix autres encore plus petits, qui ſe diviſent auſſi de la même Maniere. Il eſt impoſſible de decouvrir juſqu'ou cette Diviſion ſe continue, parce qu'a Meſure que ces Globules ſe ſeparent leur Couleur paroit plus pale, juſqu'à ce qu'etant en fin de la même Couleur de la Liqueur qui les contient, on ne peut plus continuer l'Obſervation. Tant plus le Sang eſt delayé, tant plus les Globules ſe partagent; et lorſque l'Eau qui en fait le Melange s'evapore les Globules ſe raſſemblent derechef. Le Moyen donc d'obſerver cette Separation ſous le Microſcope eſt, d'y meler un tant ſoit peu d'Eau tiede, qui degage les Globules, & les rend plus diſtincts a a la Vuë.

La Santé confifte principalement dans la Conftitution du Sang. Si les Globules s'affemblent en Maffes trop groffes, de forte qu'elles ne peuvent pas facilement être feparées pour paffer par les moindres Vaiffeau, le Sang croupit, & les Sels, qui y font melez, fe forment en Cryftaux, dequels les Pointes dechirent & detruifent les Figures des Globules du Sang, lequel devient par cet Effet acre & corrompu, ce qui introduit de tres grands Derangemens dans la Circulation, dont la Defcription, ni le Detail, ne font pas de ce Lieu, d'autre Part comme la Force du Corps confifte dans un certain Degré de Refiftance du Sang aux Syftoles des Arteres, il eft clair qu'une trop grande Separation des Globules du Sang, qui le laiffe paffer trop facilement, peut caufer beaucoup d'Inconvenients.

Si dont il nous eft poffible d'enfeigner la Maneire de connoitre le Temperament du Sang neceffaire pour la

Santé, les Moyens par lesquels il peut être conservé dans cet Etat, par quels Accidens il peut être endommagé, & comment on y doit remedier, nôtre Tems n'aura pas eté employé inutilement.

Le Moyen de reussir dans ces Recherches interessantes sera d'examiner le Sang souvent avec le Microscope dans tous les differens Degrez & Vicissitudes de Santé & de Maladie, & on aura par cela une Demonstration oculaire des Changemens qu'il subit dans chaque Desordre : Il sera necessaire, en second Lieu, de faire plusieurs Experiences par le Melange de diverses Drogues, afin d'observer les Effets qu'elles produisent sur les Globules. On a remarqué, que de l'Eau forte, de l'Huile, du Vitriol, & de l'Esprit de Sel, étant melez avec du Sang tiede, le font cailler d'abord, & perdre sa Couleur, au lieu que les Esprits, qui abondent en Sels volatils, au même Tems qu'ils rehaussent sa Couleur, conserve sa Fluidité et l'empechent de se corrompre.

Si les Perſonnes qui ont le Loiſir, & les Moyens neceſſaires pour s'appliquer à ces Sortes d'Experiences ; & ſur tout, ſi ceux, dont la Profeſſion le requiert plus particulierement, voudroient bien s'employer à examiner de cette Maniere les ſecrets Reſſorts qui agiſſent au dedans de nous, & qui produiſent de ſi ſurprenans Effets ; il y a tout lieu d'eſperer, qu'on en tireroit en peu de Tems de trés grands Avantages pour le Bien commun du Genre humain.

}{*}{*}{*}{*}{*}{*}{*}{*}{*}{*}{

Des Fibres de la Chair, ou des Muſcles.

IL n'y a peut-être point de Sujet, à l'egard duquel les Sçavans ſoient plus diviſez dans leur Sentimens, que touchant la Conſtruction des Fibres ; deſquels les Muſcles, qui donnent le Mouvement à toutes les Parties du Corps des Animaux ſont compoſéz, auſſi

aussi bien qu'à l'egard des Ressorts qui les font agir. On convient cependant que ces Muscles peuvent être divisez & subdivisez en Fibres d'une Finesse extreme, tellement qu'il est dificile à concevoir comment les Globules du Sang y peuvent trouver Passage; il y a neanmoins tout Lieu de croire, que le Sang penetre trés facilement dans toutes les petites Vessies qui composent les Fibres des Muscles, & peut-être cette Finesse apparente ne provient que de ce qu'ils ont été sechez avant d'être examinéz par le Microscope, & que tout le Sang en a été epuisé. Quoi quil en soit, ces Fibres paroissent étant examinéz par le Microscope, à peu près de la Forme d'une Vis, ou d'une Corde fortement torse, & c'est sans Doute de cette Construction que dependent sa Contraction & Dilatation. La Maniere de faire cette Observation est, de couper une Tranche de Chair aussi mince qu'il sera possible, laquelle il faut mettre sur un Morceau de Verre, en la mouillant avec un peu d'Eau tiede, laquelle étant en Partie evaporée laiſſera les Vaiſſeaux ouverts, & faciles à obſerver.

On doit s'y prendre à peu près de la même Maniere pour examiner la Structure des Os : Ayant ratiſſé quelques petits Coupeaux avec un Canif fort tranchant mettez les ſur un Verre ſous le Microſcope, en les humectant avec un peu d'Eau ; on doit prendre ces Coupeaux de different Endroits des Os, auſſi bien qu'en differentes Directions ; par ce Moyen, on pourra decouvrir les Pores, & les Vaiſſeaux, dont les Os ſont remplis, & qui donnent Paſſage aux Sucs, qui ſervent à les nourrir, & les faire croitre. Ces Inſtructions pourront ſuffire pour examiner quelque Partie que ce ſoit du Corps, n'y ayant que l'Exercice, qui peut rendre une Perſonne adroite à bien menager ces Sortes d'Experiences.

De la Generation des Inſectes, & des Vegetaux.

C'EST ſur le Sujet de la Generation des Inſectes & des Vegetaux, que les Hommes ſe ſont trouvéz embroilléz dans un Chaos de Tenebres & de Confuſion, duquel on n'auroit jamais pu ſe debaraſſer ſans le Secours du Microſcope. Ne faut il pas en Effet être plongé dans l'Ignorance la plus groſſiere & la plus abſurde, que de s'imaginer que la Putrefaction & l'Ordure, avec l'Aide du Hazard, pouvoient produire des Millions de Creatures vivantes de diverſes Eſpeces, & former toutes les Parties neceſſaires pour les Fonctions de la Vie, & leur donner l'Intelligence de chercher la Nourriture propre pour continuer leur Exiſtence? Cependant quelque etrange qu'une telle Opinion nous paroiſſe à preſent, le Tems à été, quand ces Idées, toutes abſurdes quelles ſont, etoient etablies & receues non ſeulement des Gens ſans Lettres, mais auſſi des Philoſophes les plus ſavans & les plus eclairez des Siecles paſſez. Il y a tout lieu de croire que nous aurions aujourdhui les mêmes Sentimens, ſi le Microſcope, en nous deſillant les Yeux, ne nous eut rendu capables de penetrer les Secrets les plus cachéz de la Nature, afin de nous obliger de donner Gloire à celui qui commande à la Lumiere de luire dans les Tenebres.

On a decouvert par l'Aſſiſtance des Verres, que le Semen maſculinum des Animaux eſt rempli d'un Nombre infini de petites Animalcules, pleines de Vie & de Vigueur, quoiqu'elles ſoient d'une Petiteſſe ſi extréme, que trois milles Millions n'egalent pas la Groſſeur d'un ſeul Grain de Sable. On trouve ces Animalcules à peu prés de la même Forme

Forme dans toutes les differentes Eſpeces d'Animaux, ayant le Corps d'une Figure ovale, & la Queüe trés longue en Comparaiſon du Corps; celles qu'on trouve dans la Laite d'un Poiſſon ont la Queüe encore plus longue, & ſi fine, qu'on n'en peut diſcerner le Bout qu'avec bien de la Peine. Il eſt trés facile de decouvrir ces Animalcules dans la Laite d'un Poiſſon; on n'a qu'à preſſer le Poiſſon tant ſoit peu vers le Ventre, & il en ſortira de la Laite, dont la Groſſeur de la Tête d'un Epingle ſuffira. Il faut la mettre ſur le Verre, ou deſſous du Microſcope, en l'humectant avec de l'Eau de Pluie, ou celle de Riviere, juſqu'à ce qu'elles ayent aſſez de Place pour ſe remuer facilement, & ainſi on les verra avantageuſement. En obſervant ces Animalcules dans la Laite d'un Merlus vivant avec le Microſcope, on y decouvrit un ſi grand Nombre, qu'on en ſuppoſoit du moins dix mille dans la Groſſeur d'un Grain de Sable, deſquelles ſi

 on

on conte cent Grains de Sable dans la Longueur d'un Pouce, il y aura, dans un Pouce cubique, un Million de Grains de Sable, & par consequent dix mille Millions d'Animalcules. La Laite etoit environ de quinze Pouces cubiques, & ainsi elle contenoit cent cinquante mille Millions ; un Nombre qui probablement surpasse de beaucoup celui des Habitans de la Terre. Ces Animalcules vivent plusieurs Jours aprés la Mort de l'Animal qui les contient, dans sa Semence ; ce qui fait, qu'il est facile de les observer sans exercer aucune Cruauté sur des Creatures vivantes. D'autant que c'est la Semence du Male, qui rend les Oeufs de la Femelles prolifique, il est fort probable que les Oeufs ne sont autre Chose que des Receptacles propres à recevoir & nourrir ce petites Animalcules, où elles subissent un Changement de Forme semblable à celle des Animaux qui les engendrent, & étant nourries de la Substance de l'Oeuf, ou de la

Matrice,

Matrice, elles diviennent parfaitement formées & capables d'eclore, dout elles ſe retirent de leur reſtrainte pour jouer leur Role ſur le Theatre du Monde. Ce qui rehauſſe encore la Probabilité de ce que nous venons de dire, c'eſt, que quoique la Semence ſoit ſi remplie de Vie, on ne peut trouver cependant Rien de Pareil dans aucun autre Endroit du Corps. De plus, on remarque à peu prés la même Choſe dans la Generation des Plantes, aſſavoir une Eſpece de Farine, que l'on trouve ſur les petits Pendans au Centre de la Fleur, laquelle étant examinée ne paroit être à l'Oeil qu'une menue Pouſſiere ; mais le Microſcope en demontre une Structure exacte, & ſemblable à la Plante dont elle procede, & y decouvre des Beautez admirables. Les Vaiſſeaux, où cette Farine eſt produite, ſont admirablement conſtruits, de Maniere à decharger cette Production, auſſitôt qu'elle eſt arrivée à une Maturité convenable. Elle tombe par ce Moyen dans le Centre de la Fleur, ou elle trouve des Paſſages ſituez à Deſſein pour la recevoir afin de la loger dans la Semence, qui eſt ſa veritable Matrice. La Semence par cela devient prolifique ; & ſans qu'elle reçoive quelques Grains de cette Farine, elle ſera entierement ſterile : ce qu'on peut demontrer facilement. On n'a qu'à couper les petits Vaiſſeaux qui produiſent cette Pouſſiere ſi neceſſaire, avant qu'ils la dechargent, & on trouvera, en faiſant l'Experience, que la Semence ne vaudra Rien. L'Analogie eſt donc trés manifeſte entre la Generation des Plantes & celles des Animaux, la Farine des Fleurs étant deſtinée au même Deſſein que les petites Animalcules qu'on voit dans la Semence du Male, tandis que les Semences des Plantes font la Fonction des Oeufs de la Femelle.

Des Animalcules ſur les Gencives, & entre les Dents.

QUOIQUE nous ayons dejà remarqué, qu'on ne trouve point d'Animalcules dans aucunes des Fluides du Corps, excepté la Semence du Male, non pas même dans la Salive, il y en a cependant un grand Nombte qui ſe trouve dans la Matiere blanche, qui s'attache entre les Dents & ſur les Gencives. Tant ſoit peu de cette Matiere, priſe avec la Pointe d'une Epingle, & melée avec de l'Eau, ou de la Salive vous y fera voir un Nombre incroyable d'Animalcules de pluſieurs Eſpeces ; celles de la plus groſſe Sorte ſont les plus agiles ; mais on en trouve un plus grand Nombre d'une autre Sorte, qui ont un Mouvement qui leur eſt particulier, comme la Figure les reprepresente ; celles d'une troisiéme sont rondes, & trés petites, tellement qu'un Million assemblées n'excedent pas la Grosseur d'un Grain de Sable. Leur grand Nombre, leur Petitesse, avec leur extréme Agilité fait, qu'il est difficile de les observer à l'egard de leur Figure ; & au contraire, on y remarque une autre Espece, dont le Mouvement est si lent, & si tardif, qu'il faut y employer beaucoup d'Attention pour savoir si elles sont en Vie.

Le Vinaigre leur est mortel, d'ou il semble qu'on pourroit tirer cette Consequence, que si on se lavoit les Dents & les Gencives souvent avec cette Liqueur, on les garantiroit de cette Infection.

De la Gale.

L'Utilité du Microscope ne paroit en nul Cas avec plus d'Eclat, que dans la Decouverte qu'on a pu faire

faire par l'Aide de cette Machine, au Sujet de la Gale. Qui eſt ce qui ſe ſeroit imaginé, que cette terrible Demangeaiſon, avec tous les Deſordres qui s'enſuvient, ne ſeroit cauſez que par un Aſſemblage de petites Inſectes, ou Vermiſſeaux, dont les Morſures continuelles font lever ces Puſtules ſur la Peau, qui caracteriſent cette Maladie. La Decouverte fut faite par *Bononio*, celebre Medecin *Italien*, qui ayant remarqué, que les Perſonnes affligées de cette Maladie tiroient ſouvent de leur Peau ulcerée des petites Veſicules pleines d'Eau, qu'elles ecraſoient ſur leurs Ongles, comme elles auroient fait d'une Puce, ſe reſolut d'en obſerver avec le Microſcope, dont ayant tiré quelques unes d'un Endroit fort ulceré, il en fit ſortir une Matiere liquide, dans laquelle il y avoit une petite Globule à peine viſible; mais l'ayant miſe ſous le Microſcope, il apperçut, que c'etoit une petite Animalcule, dont la Forme reſſembloit à

une

une Tortuë, d'une Couleur blanchâtre, quoique le Dos fut d'un Teint plus ſombre que les autres Parties. On peut voir par la Figure qu'elles ont la Tête, pointuë & armée de deux Cornes, qu'elles marchent ſur ſix Piez, & ont le Corp orné de pluſieurs longs Poils.

Ces Experiences reiterées ſur des Perſonnes de differens Ages, Sexes, & Temperamens, dans toutes les Saiſons de l'Année confirment ſufiſamment, la Verité qui eſt ici avancée, les mêmes Animalcules ſe trouvant toujours dans les Puſtules de la Peau, dans les Symptomes de la Gale. On a auſſi decouvert,par le même Moyen, que cette Vermine s'engendre de l'Oeuf de même que la plupart des autres Inſectes & Animalcules, dont on ne doit pas s'etonner de l'Infection rapide, ni de l'Augmentation, puiſque, par leur Petiteſſe extréme, elles echapent les Egratignures des Ongles, et qu'en dechirant la Cuticule, on ne fait que les diſperſer, &

leur

leur rendre l'Entrée dans la Peau plus facile. Ces Decouvertes nous font comprendre, que les Remedes pris interieurement font inefficaces contre ce Mal, mais qu'il eft abfolument neceffaire d'avoir Recours à des Onctions exterieures ; & Corrofives, comme diverfes Sortes de Sels, le Souffre, les Preparations du Mercure, &c. capables de tirer & detruire toutes ces Animalcules. Il eft clair auffi, qu'on ne doit pas difcontinuer l'Ufage de ces Remedes, auffitôt qu'on fe trouve gueri, parcequ'il ne fuffit pas d'avoir detruit toutes les Animalcules qui etoient en Vie, mais il faut continuer jufqu'à ce que tous les Oeufs foient eclos, & que la Race en foit entierement exterminée.

De la Cuticule, qui couvre la Peau humaine.

LA Peau étant composée de Glandules distillans une Liqueur qui doit être continuellement evaporée, il est necessaire, que la Cuticule soit par tout percée d'un Nombre infini de petits Trous, pour donner Lieu a la Transpiration, & c'est en Effet ce qu'on a decouvert par l'Assistance des Verres. Pour l'observer, on n'a qu'à couper la moindre Miette de la Peau de dessus avec un Rasoir fort tranchant, & un autre Morceau du même Endroit étant mis sous le Microscope, les petits Trous paroitront comme un Papier, qui seroit par tout percé par une Aguille trés fine. Ces Pores sont couverts par tout de petites Ecailles en grand Nombre, qui sont arrangées de la même Maniere que celles des Poissons.

ſons. C'eſt à dire trois, l'une ſur l'autre, chacune étant couverte juſqu'aux deux Tiers excepté quelques Endroits comme autour de la Bouche, & ſur les Levres, ou elles ne ſont que s'entretoucher ; ce qui fait, que ces Endroits la ſont plus rouges à Cauſe que le Sang paroit au travers. Ces Ecailles ont pour la plupart cinq Cotez, comme la Figure les demontre, ou leur Arrangement eſt auſſi repreſenté.

Des Sels.

COMME les Chymiſtes en faiſant l'Analyſe des divers Mixtes, ont decouvert cinq Sortes de Subſtances, ils ont cru qu'il y avoit cinq Principes qui compoſoient toutes les Subſtances naturelles, ſavoir l'Eau, l'Eſprit, l'Huile, le Sel, & la Terre, leſquels ils ont auſſi diſtinguez en actifs & paſſifs, ſelon quelques

ques Qualitez particulieres, qu'ils ont cru leur devoir attribuer. Cependant il eſt difficile de concevoir aucune Difference eſſentielle entre ces pretendus Principes, autre que les differens Degrez de Chaleur neceſſaires dans la Retorte.

Nos Lumieres encore trop bornées ne nous permettent point de decider dans cette Affaire, juſqu'à ce que par des Experiences reiterées, on puiſſe ſe former quelques Idèes claires & certaines de la Compoſition de la Matiere.

Ayant donc parcouru les divers Elemens de la Nature, ou avec l'Aſſiſtance du Microſcope, nous avons fait de trés grandes Decouvertes ſur la Forme des moindres Inſectes, la Maniere dont elles ſont engendrées, la Structure des Vaiſſeaux & des Pores des Animaux & des Vegetaux, auſſi bien qu'à l'egard d'un trés grand Nombre d'autres Inſectes, Vermiſſeaux, &c. que le Microſcope a rendu viſibles, & a decouvert comme me autant de nouveaux Mondes, voyons à present quel Secours cette Instrument nous pretera dans l'Examen des Principes de la Matiere, dont le Sel est sans Contredit le Principal. Il est vrai, que l'Eau, aussi bien que Sel, entre en quelque Maniere dans la Composition de toutes les Substances materielles, mais elle ne paroit être, que le Vehicule du Sel, au lieu que le Sel paroit être l'Essence de tout ce qu'il y a de solide dans la Nature.

Toute l'Activité de la Matiere depend aussi du Sel, qui est agité par le Feu & l'Eau. Mais pour mieux comprendre les Operations de ces Elemens, il faut faire Attention à ce qui resulte des Experiences. Pour donner une Definition exacte de ce Principe, auquel nous avons donné le Nom de Sel, il faut remarquer d'abord, que nous etendons ce Mot beaucoup au dela de sa Signification ordinaire, c'est à dire, que ce ne sont pas ces Substances seulement qui ont un Gout salé que nous appellons

pellons de ce Nom, mais toutes Sortes de Gouts, le Sucre même etant redevable à une Espece de Sel, pour sa Douceur, & le Vinaigre à une autre Espece, pour son Acreté. Les Idées, qui le caracterizent sont, premierement, qu'on peut le dissoudre dans l'Eau ; Secondement, il reste après l'Evaporation de l'Eau, & se forme en Cristaux par tout ou il devient visible ; à quoi on peut ajouter, qu'il est doué d'un Goût plus ou moins piquant. Le Sel, dans ce Sens peut-être avec beaucoup de Raison appellé un Principe d'autant que c'est la Partie la plus considerable de toutes les Substances, tellement que les Animaux, les Vegetaux, & les Mineraux, en sont nourris. De Sorte que la Terre, qui en est privée, devient absolument sterile, & les Herbes, les Racines, le Pain, &c. ayant perdu leur Sel, ne peuvent ni nourrir, ni soutenir le Corps. Pour comprendre les Operations de la Nature dans la Formation des differéntes

Sortes

Sortes de Subſtances, qui ſont engendrées tous les Jours, il ſeroit neceſſaire d'avoir Intelligence touchant la Figure, la Groſſeur, la Solidité, la Peſanteurs, & le Mouvement, auſſi bien que les differens Degrez d'Attraction qui les compoſent ; puiſqu'il eſt certain, que tous les Corps agiſſent les uns ſur les autres ſelon ces Principes. Si donc il etoit poſſible de ſeparer les Parties de la Matiere en quelque Maniere, & de les comparer à l'egard de leur Figure, Groſſeur, &c. il y auroit tout Sujet d'eſperer, que ce Fondement ſerviroit pour l'avenir à quelque habile Architecte pour en elever un Edifice des Sciences les plus utiles. Il eſt du moins certain, que les Experiences, faites avec le Microſcope, nous meneroient aſſez loin dans ces Recherches, ſi on s'y appliquoit avec quelque Aſſiduité ; c'eſt ce qui paroitra par l'Hiſtoire des Experinces qui ont été dejà faites à ce Deſſein, que nous tacherons de digerer,

gerer, & mettre en tel Ordre, qui nous ſemblera la plus intelligible, & le plus capable d'exciter la Curioſité des Perſonnes qui ont quelque Loiſir, vu qu'il ne s'agit pas ici d'une Entreprize penible, enuyante, ou incertaine, mais d'un Amuſement des plus agreables, qui fournira une ſi grande Diverſité d'Objets, qu'une Perſonne, qui ſe ſera renduë habile à faire ces Experiences aura toujours de quoi s'amuſer & entretenir ſes Amis.

Il ne ſera pas neceſſaire d'embarraſſer le Lecteur avec tous les differens Termes dont ſe ſont ſervis les Chymiſtes pour diſtinguer les Eſpeces de Sel, comme les Acides, les Alkalis, &c.

Mais comme les Experiences, deſquelles nous devons donner l'Hiſtoire, ont été faites ſur les Sels, qui reſtent dans les Cendres après la Combuſtion, ou bien ſur ceux qui ont été naturellement produit, nous ne pouvons nous diſpenſer d'en faire trois Claſſes, aſſavoir les Sels volatils qui ſont enlevez par le Feu, les fixes qui reſtent dans les Cendres, & les naturels.

Les premiers ſont proprement de la Province des Chymiſtes, les ſeconds ſe diſtinguent ſelon les Subſtances qui ſont brulées pour cet Effet ; & la troiſiéme Claſſe peut être encore ſubdiviſée en Foſſile & Marin.

De la Diſſolution du Sel dans l'Eau.

SELON la Definition generale que nous en avons donnée, il paroit, que la Diſſolution du Sel dans l'Eau eſt un des principaux Characteriſtiques du Sel. En Effet, ſi on examine la Choſe de près, on trouvera, qu'il n'y a nulle autre Subſtance éxcepté le Sel, qui ſoit diſſolvable dans l'Eau, ou du moins, que tout ce qui ſe diſſout dans l'Eau, doit

cette

cette Proprieté à la grande Quantité, de Sel qu'il contient.

Il n'eſt guere poſſible de ſe former l'Idee de la Diſſolution du Sel, qu'en ſuppoſant, que l'Attraction entre les Particules du Sel, & celles de l'Eau, eſt plus forte que celle des Particules de l'Eau, ou du Sel entre elles mêmes, & qu'ainſi lorſqu'on les mele, les Particules du Sel perdent entierement l'Attraction qui exiſtoit entr'elles, & au lieu de s'attirer, elles ſécartent les unes des autres, juſqu'a ce, qu'elles ſoint tellement melées avec l'Eau, qu'elles ſemblent n'être qu'une ſeule & même Subſtance.

De la Formation des Cryſteaux.

POUR ſe former quelque Idée claire ſur ce Sujet, il faut remarquer d'abord, que l'Eau ne peut ſoutenir le Sel, que juſqu'à un certain Degré, & lorſqu'elle en eſt ſurchargée, le Sel, ne continue plus à être egale-

Table des Amplifications des differens Verres du Microscope.

Nombre des Verres.	Distance Focale en partie de Pouce.	Coefficient de Diametre.	Coefficient de la Superficie.	Coefficient de Solidité.
1	1/20	160	25600	4096000
2	1/10	80	6400	512000
3	3/20	53	2809	148877
4	1/4	32	1024	32768
5	2/5	20	400	8000
6	1/2	16	256	4096
7	3/4	11	121	1331

Note, The Figures over the Animalcules &c. refer to each Page in the Book.

Les Nombres sur les Figures Indiquent les Pages du Traité.

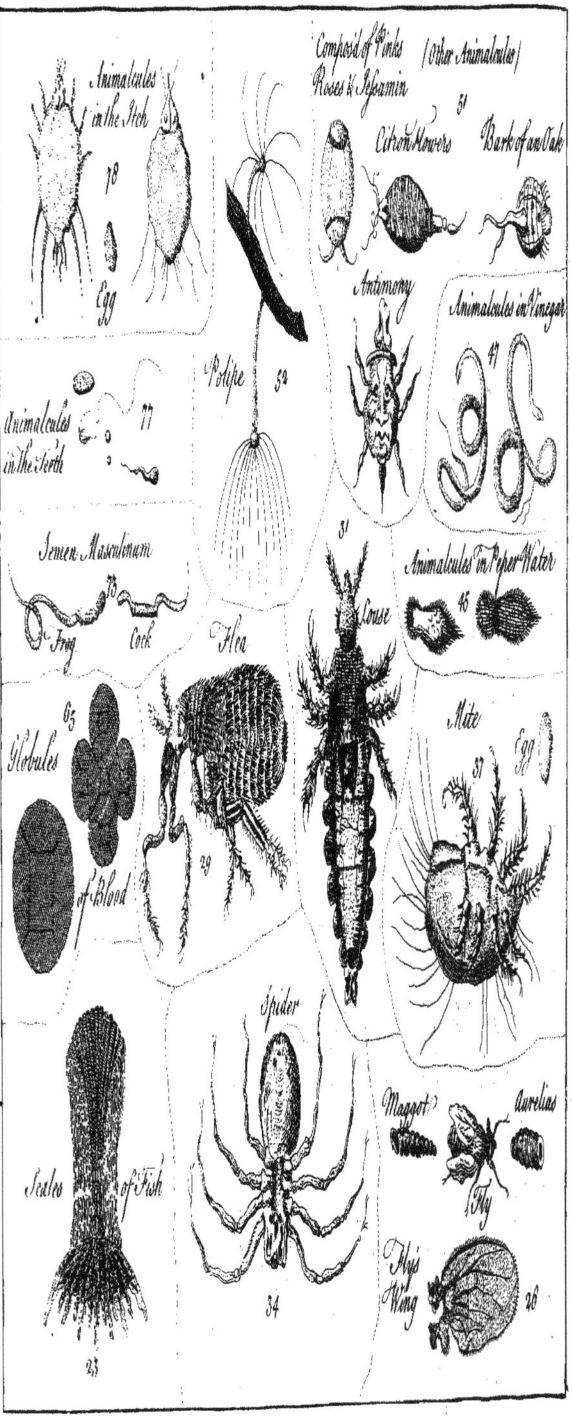

egalement melé, mais s'amasse en petits Morceaux au Fond, ou aux Cotez du Vaisseau : Il est aussi necessaire de remarquer, que l'Eau chaude contient une plus grande Quantité qu'elle ne peut soutenir lorsqu'elle est froide. D'ou on peut comprendre, qu'une Partie de la Dissolution, étant evaporée, l'Eau, qui restera, pourra se trouver surchargée. C'est pourquoi il ne faut continuer l'Evaporation, que jusqu'à ce qu'on y observe une petite Pelicule, ou Espece de Peau mince, sur la Surface. L'Eau ayant alors un certain Degré de Chaleur, elle deviendra surchargée en refroidissant, & le Sel, qui surabondera par ce Moyen, se formera en Crysteaux.

Les Crysteaux qu'on obtiendra de cette Maniere s'arrangeront en certaines Figures & Formes particulieres, & convenables à l'Espece de Sel dont ils seront tirez, tellement qu'on pourra reiterer la Dissolution à Plaisir, sans manquer de recouvrir les mêmes

Formes ; d'ou il ſemble, que les Particules de chaque Eſpece de Sel ſont formées d'une Maniere qui leur eſt particuliere & conſtante, auſſi bien que douées d'un certain Degré d'Attraction, sans que la Diſſolution puiſſe apporter aucun Changement. Cette Regularité fait voir, que devant le Commencement de leur Attraction, ces Particules flotoient dans l'Eau, dans l'Ordre le plus exacte, étant par tout egalement diſperſées, juſqu'à ce que par la Diminution de la Quantité de l'Eau, elles s'entràpprochent d'avantage, & ainſi commencent à s'entre attirer par la Convenance de la Figure de leurs Cotez, ou de quelque autre Cauſe inconnüe (Car nôtre Intention n'eſt pas de poſer ici aucune Hypotheſe qui ne reſulte naturellement des Experiences) par laquelle elles s'arangent d'une Maniere trés reguliere, & trés admirable.

Puis donc que la Regularité des Formes des Cryſteaux de la même Eſpece des Sel demontre, que les

Par-

Particules qui la compoſent ont une Forme determinée & invariable ; il paroit auſſi par la même Maniere de raiſonner, que les Particules des differens Sels ſont auſſi trés differentes, en leur Figures, comme il paroitra par le Recit des Experiences qui ont été faites.

✤✤✤✤✤✤✤✤✤✤✤✤✤✤✤✤✤✤✤✤✤✤✤✤✤✤✤✤✤✤✤✤✤✤✤

De la Maniere d'obſerver les Configurations.

DE ce qui a été dit touchant la Cryſtaliſation, on voit clairement la Raiſon de la Pratique ordinaire, qui eſt de faire evaporer la Diſſolution, juſqu'à ce qu'il ne reſte qu'une Pelicule ſur la Surface, & enſuite de laiſſer refroidir la Liqueur dans une Cave, ou autre Endroit, ou elle pourra refroidir peu à peu, & ainſi à Meſure que par le Refroidiſſement de l'Eau elle deviendra ſurchargée de Sel ſurabondant, c'eſt à dire, que les Cryſteaux s'attacheront aux Bords, ou au Fond du Vaſe, & ſe formeront en diverſes Figures ſelon leurs differens Degrez d'Attraction. Mais pour les produire ſous le Microſcope de Maniere à les pouvoir obſerver, il faut varier un peu la Methode afin de hâter la Production des Cryſteaux, & de faire en Sorte qu'ils puiſſent ſe former ſur le Champ pendant qu'on les obſerve.

On commencera premierement à ſe fournir, pour les Diſſolutions, de ces Sortes de Sels qu'on ſouhaitera d'examiner, ou l'on ne trouvera gueres de Difficulté, pluſieurs de ces Subſtances étant ſi faciles à diſſoudre, qu'il ſuffira de les jetter dans l'Eau froide, mais à l'Egard d'aucunes Sortes, il faudra les faire chauffer, ce qui doit être fait juſqu'à un certain Degré ſelon ce que l'Experience en decidera, & par ce Moyen la Diſſolution étant faite, & l'Eau étant chargée d'autant de Sel qu'elle peut porter, il ſera expedient de la laiſſer repoſer pour quelque Tems,

juſqu'à

jusqu'à ce que le Sel, qui pourra être de surabondant soit precipité au Fond du Vase, ou formé en Crysteaux. Après quoi, ayant versé la Liqueur, en inclinant le Vase, on obtiendra une Solution qu'on pourra conserver dans une Phiole bien bouchée ; & de cette Maniere on se fournira de diverses Sortes qui seront toujours pretes pour les Observations, & en prenant les Precautions susdites pour charger l'Eau selon sa Capacité de porter ; les Crysteaux, & les Configurations, prendront invariablement la même Figure ; d'autant qu'il est facile à concevoir, que si la Liqueur n'en etoit pas suffisamment remplie, il faudroit que l'Attraction fut retardée, ou peut-être entierement empechée ; & de l'autre Coté la trop grande Quantité gateroit entierement la Beauté des Formes. Il ne reste plus à present qu'a donner les Directions necessaires pour les Observations.

Il y a, pour cet Usage, parmi l'Appareil du Microscope, qui a été decrit ci deſſus, des petits Morceaux de Verre d'environ trois ou quatres Pouces en Longueur, & dont la Largeur eſt plus d'un Pouce ; c'eſt ſur un de ces Verres qu'il faut étendre une trés petite Quantité de la Diſſolution avec le Bec d'une Plume, taillée d'une Maniere convenable à ce Deſſein. La Liqueur ne doit point être étendue ſur le Verre au delà de ce qu'on peut voir tout à la fois dans le Champ du Microſcope ; parce qu'il eſt neceſſaire de voir les Bords, de la petite Goute tout autour, affin d'obſerver les Commencemens des Configurations des Sels ; Cela étant fait, chauffez un peu le Verre, en le tenant au deſſus d'un Feu clair, ou au deſſus de la Flame d'une Chandelle, à une Diſtance convenable, juſqu'à ce que vous apperceviez que les Bords de la petite Goute commenceront à changer de Couleur, il arrivera cependant quelquefois qu'elle ſera trop echauffée, & l'Eau ſera evaporée devant que vous puiſſiez voir ce Changement, d'ont d'ont il ſera neceſſaire de s'inſtruire à ces Egards par l'Experience plutôt que par Directions. De ce qui a été dit ſi deſſus touchant la Formation des Cryſteaux, il paroit, que toutes les Configurations qui ſe forment dans les petites Goutes qu'on applique ſous le Microſcope, ſont a peu pres formées ſur le meme Principe des Cryſteaux. La Difference conſiſte principalement dans la Promptitude avec la quelle les Sels s'amaſſent dans cette derniere Circonſtance, qui procede de l'Evaporation ſoudaine des Particules de l'Eau, cauſée par la Chaleur, ce qui doit faire ſans doute une grande Difference dans les Formes.

F I N.

www.ingramcontent.com/pod-product-compliance
Ingram Content Group UK Ltd.
Pitfield, Milton Keynes, MK11 3LW, UK
UKHW020330180726
13839UKWH00002B/635

9 782329 576176